KB128849

# 어떻게 저런 생각을 하지?

## 똑똑하게 일하는 업무 천재들의 아이디어 방정식

**일러두기**

* 먼저 이 책 안 특정 인물과 브랜드를 미화시키거나 비하할 의도는 없음을 밝힙니다.
* 이 책의 모든 사례는 저자의 경험을 바탕으로 집필되었습니다.
* 외래어 표기는 국립국어원의 표기를 따르되 관용적인 표현은 그대로 따르기로 했습니다.

내리막 세상에서 성공의 승률을 올리는 생각의 법칙

# 어떻게 저런 생각을 하지?

브랜드 컨셉 메이커
이우철

똑똑하게
일하는
업무 천재들의
아이디어 방정식!

이너북스

## 문화마케팅 분야

실전광고를 제대로 익힌 저자의 내공과 진정성이 담긴 책이다. 마치 나를 앞에 두고 조근조근 크리에이티브와 발상의 전환 방법을 알려 주는 것 같다. 큰 크리에이티브가 없는 요즘 필독할 책이다.

— 황인선. 서울혁신센터 센터장, 문화마케팅 평론가

## 광고마케팅 분야

나는 이 책의 저자인 이우철 박사와 20여년을 함께 일하며 후천적 천재가 되는 비법에 대해 누구보다 많은 얘기를 나눴다. 그래서 인지 놀랍게도 이분의 박사논문도 창의성에 대한 것이었다. 나는 내가 전수받았던 천재가 되는 비법을 이우철 박사에게 전달했다. 이 책에는 그 비법은 물론 그동안 이우철 박사가 개인적으로 알아낸 다른 비법들도 함께 소개되어 있다. 어떻게 이런 책을 쓸 수 있었을까? 그 천재성과 수고로움에 존경의 박수를 보낸다.

_ 이용찬. (전) 리앤디디비 사장, 이용찬 마케팅서당 대표

의료분야 분야

디지털 시대에 접어들었지만 여전히 창의적 브랜드라는 업의 본질이 무엇인가에 대한 물음을 끊임없이 던지고 있습니다. 저자가 신이라 부르는 사람들과 같이 일했던 경험을 바탕으로 그 물음에 대한 답을 풀어낸 이 해설서는 이미 그 경지에 오른 저자의 독백입니다. 마치 예수의 수제자 베드로처럼!

_ 황대용. 의학박사, 건국대학교 병원장

영화, 에듀테인먼트 분야

빵빵한 DNA를 갖고 태어난 마케팅 천재와도 기죽지 않고 경쟁할 수 있는 방법, 당신을 마케팅 수재로 쑥쑥 키워볼 수 있는 방법이 잘 정리되어 있다.  또한 그 내용이 풍성하고, 재미있는 이유는 저자의 23년간의 광고업계 경력과 교수로서, 박사로서 잘 정리된 마케팅 족보의 완벽한 조화다. 마케팅 천재의 직관, 후천적 마케팅의 육감, 과연 승자는 누구일까?

_ 이현렬. 헤리슨앤컴퍼니 대표

### 외국계B2B 제조업 분야

어찌 광고업계에만 천재들이 있겠습니까? 이 사회 전반의 모든 분야에 앞서가는 천재 혹은 특출한 전문가 집단이 이 사회를 이끌어 가고 있습니다. 경험에 근거한 이우철 박사의 책을 통해 평범한 우리들도 적어도 천재는 아닐지라도 자신이 속해있는 업계에서 리더가 될 수 있기를 진심으로 기대합니다.

_ 홍태섭. 헨켈코리아 산업용접착제사업부 이사

### 디지털 광고마케팅 분야

경험과 직관이 대단한 광고인들과 한판 붙을 수 있는 마케팅 지침서입니다. 함께 일하는 동료들이 어서 읽고 활용했으면 합니다.

_ 송지우. LAB543(지우컴퍼니)대표

IT · 게임 분야

서점에 즐비한 마케팅 이론서가 아닌 쉽고 간단히 읽히는 소설 같은 비즈니스 가이드. 마케팅이라는 단어에서 오는 무게감을 줄이고, 매일매일 벽에 부딪히는 평범한 직장인들에게 여느 회사에 있음직한 천재들을 이해하고 그들과 함께 성장하는 방법을 알려 주는 친절한 책!'

_ 박지호, 마이크로소프트 엑스박스 마케팅 이사

공공 분야

타협은 현실에서 찾은 최선이지만 변화는 타협을 넘어선 미래입니다. 이우철 박사의 이 책은 여러분을 변화의 출발선으로 안내할 것입니다.

_ 송기호, 서울특별시장 기획비서관

차례

## 3장 천재 따라잡기 공부법



## 4장 신이 하지 않은 일

개인이 기업과 경쟁하는 시대입니다. 뷰티블로거가 자신이 만든 화장품으로 대기업과 경쟁하고 있는 시대에 우리는 살고 있는 것이지요. 생산과 유통을 소유했던 기업의 경쟁력은 OEM 생산 네트워크와 온라인 유통으로 그 의미가 작아지고 있으며, 유튜브의 등장은 개인과 소비자를 직접 만날 수 있게 해 주었습니다. 이제 남은 건 개인을 어떻게 효과적으로 대중에게 알려야 하는가입니다. 개인도 브랜드와 홍보전략이 필요한 시대가 된 것이지요.

기업도 마찬가지입니다. 52시간 근무제로 생산성은 물론 효율성 역시 중요한 화두가 되었습니다. 사실 업무 프로세스만 바꾸어도 어느 정도 효율성은 보장됩니다. 하지만 기업에게 있어서 프로세스 개선보다 더 중요한 것은 '어떻게 일할 것인가'에 대한 직원들의 생각일 것입니다.

이 책은 광고마케팅 천재들과 일하면서 배운 노하우를 일반인의 눈높이에서 정리한 천재들의 아이디어 방정식 해법서로서 다시 도래한 브랜드의 시대를 헤쳐 나갈 수 있는 지혜와 함께 어떻게 효율적으로 일할 수 있을 것인지에 대한 해답을 찾아 줄 것입니다.

이 기록을 가능하게 해 준 천재분들과 수많은 캠페인을 같이 했던 선후배님들, 두 번째 책을 허락해 주신 학지사 김진환 사장님, 여러 번의 수정에도 끝까지 같이 해준

민신태 팀장님, 항상 웃으며 답을 찾아 주신 김혁빈 변호사님, 나정희 박사님, 정성우 팀장님 그리고 사랑하는 아버지께 감사드립니다.

세상은 신(God, 神)의 영역과 인간의 영역으로 나누어져 있습니다. 종교 세계만 그런 것이 아닙니다. 우리가 사는 사회도 마찬가지입니다. 다만 사회에서 신은 '천재'라는 모습으로 나타납니다. 이런 사람들하고 엮이면 인생이 좀 피곤해집니다. 본인들은 참 쉽게 자신의 생각을 정리해서 아이디어로 발전시키지만 우리와 같은 평범한 대중은 그 말을 이해하고 따라가는 것이 쉽지 않기 때문입니다. 그런 사람이 내 직장 상사이면서 추진력까지 있는 사람이라면 우리의 삶은 좀 더 고달파집니다.

그들이 헤치고 나간 길을 정리하는 뒤처리 부대가 될 확률이 높으니까요. 물론 배우는 것도 있습니다. 하지만 제 개인적인 경험으로 말씀드리면 배움을 얻기까지는 좀 오랜 시간이 걸립니다. 신의 영역에 있는 그들을 이해하는게 쉽지 않기 때문입니다.

많은 사람들이 신의 영역에 들어가고 싶어 합니다. 하지만 그 영역에 있는 사람들을 이해하기도 또 따라 하기도 쉽지 않습니다. 신들이 자신들의 생각을 설명할 때 남들과는 다른 특이한 점이 있기 때문입니다. 처음에 그들의 이야기를 들었을 때는 '이건 뭐지?'라는 생각이 듭니다. 그러다가 곧 '어떻게 저런 생각을 했지'라는 단계로 넘어갑니다. 그리고 그 자리를 벗어나서 내가 혼자 해 보려고 하면 잘 안 됩니다. 그러고 나면 '나는 왜 안 될까'라는 자기 실망에 빠지게 되는 경우를 많이 봅니다. 물론 저도 그랬습니다. 듣는 자리에서는 이해한 것 같았는데 막상 나와서 찬찬히 생각해 보고 따라 하려고 하면 안 됩니다. 이해가 안 되는 부분이 또 생기기 때문입니다. 결국 한숨으로 끝나는 경우가 많습니다.

하지만 실망하지 마십시오. 원래 그렇습니다. 우리의 수준과 그들의 수준이 다르기 때문입니다. 이러한 차이가 바로 해설서가 필요한 이유이지요. 예전부터 훌륭한 성인의 가르침에는 항상 해설서가 존재했습니다. 신의 생각을 가장 잘 해석하는 제자가 해설서를 만들어 대중을 이해시킵니다. 이 책은 신이라고 불리우던 광고마케팅 천재들과 그들의 핵심 노하우를 일반인의 눈높이에 맞추어 따라 해볼 수 있게 만든 신과 저에 대한 이야기입니다.

지난 20여 년간 광고마케팅업에 종사하면서 참 많은 사람들을 만났습니다. 그중에는 지금의 저를 만들어 준 사람들이 있습니다. 저는 그들을 통해 일을 배웠고 사회를 배웠고 사람을 배웠습니다. 이들 덕분에 성공 캠페인을 만들 수 있는 행운도 얻었습니다. 이 책은 이들과 같이 일하면서 제가 느꼈던 제 기록입니다. 저는 운이 좋아 이들과 잘 맞았지만 그렇지 못해 회사를 떠나는 친구들도 많이 보았습니다. 천재와 일하기는 참 어렵습니다. 하지만 여기에도 방법이 있습니다. 신들과 함께 일하면서 좌절하지 않고 나도 같이 성장하는, 그런 방법도 있기 때문입니다.

저와 같이 이 책을 보면서 하나씩 차근차근 따라 하다 보면 80%까지는 그들을 따라 할 수 있습니다. 직장에서 저 사람처럼 되고 싶다고 생각하는 사람이 있습니까? 그럼 이 책을 보십시오. 그 사람처럼 되게 해 드리겠습니다. 단 80% 정도까지만 입니다. 나머지 20%는 제가 할 수 없습니다. 20%는 신의 영역이니 본인이 깨달음을 얻어야 그 문이 열릴 것입니다.

어떻게 저런 생각을 하지?

뚝뚝하게 일하는 업무 천재들의 아이디어 방정식

# 1장

# 신과의 대화

## 도대체 무슨 소리를 하는 거야?

천재들과 일할 때는 앞뒤 맥락을 잘 살펴야 합니다. 그들은 남들도 자기와 같다고 생각해서 몇 단계 뛰어넘어서 바로 이야기합니다. 이럴 때 아는 척하면 나중에 고생합니다. 모르면 바로 질문해야 합니다. 첫 단추를 꿰지 못하면 그 다음은 없습니다. 거기서 아이디어의 도약이 시작되기 때문입니다. 또 그들은 한번 말한 걸 잘 기억하지 못합니다. 그 자리를 벗어나려고 아는 척했다가 나중에 어떤 일이 생길지는 불 보듯 뻔합니다.

자동차 윤활유 브랜드인 지크XQ 피티를 준비할 때였습니다. 사람들은 모두 엔진오일 제품의 차별화를 주장하고 있는데, 갑자기 사장님이 엔진오일은 잊고 자동차

등급별로 사용하는 엔진오일의 종류에 대해 조사해 보자는 것이었습니다. 소비자가 카센터에서 지크XQ를 지명구매하게 해 달라는 숙제를 풀어야 하는데, 웬 자동차 이야기를 다시 하시는지 담당 AE(account executive)였던 저는 답답한 마음에 결국 사장님 방으로 가서 물었습니다. 왜 자동차 말씀을 다시 하셨냐고.

사장님의 대답은 이랬습니다. 엔진오일 자체로는 차별화가 어려우니 관점을 바꿔서 엔진오일을 사용하는 자동차와 사람에게 집중해 보자는 것입니다. 브랜드에서 원래부터 사용하고 있는 '2000CC 이상을 위한 엔진오일'이라는 전략은 좋지만 뭔가 하나가 부족한 것 같다고 하시면서, 일반 엔진오일보다 2만 원 정도를 더 주고 구매할 적당한 이유를 소비자에게 제공해 주지 않으면 지명구매는 불가능하다고 하시면서 말이지요. 저는 도대체 무슨 소리를 하시는 건가 이해가 되지 않았습니다.

NA) 이 차는 2500CC 엔진에 3천만 원이 넘는 고급차입니다
그런데 안타까운 사실은 이 분이 별 생각없이
일반엔진오일을 사용한다는 것입니다

NA) 차값이 얼만데

Sound) (자동차가 급정거하는 소리) 끼익 ~

NA) 2000CC 이상 고급 엔진오일 지크XQ

모델) 차값을 생각하면 지크 XQ

지크XQ에 제안한 최종 광고안입니다.

저희는 이 아이디어를 제안하고 지크 XQ브랜드 광고를 하게 되었습니다. 그리고 광고를 제작하기 전 엔진오일에서 자동차로 관점을 바꾸면 효과가 있을 것이라는 이론적 배경을 사내 교육용으로 만들어 달라는 요청을 광고주에게 받고 작업해 드렸습니다. 설명을 듣는 자리에서는 이해했는데 나중에 혼자 정리하려고 하면 잘 안 되는 것이 이런 사람들이 낸 아이디어의 특성입니다. 천재들의 설명은 논리 중간에 점프가 있기 때문입니다. 이 점프 부분에 일반인들이 이해하기 쉽도록 다리를 놓아 주지 않으면 따라가기 어렵습니다. 마치 저희가 광고주에게 이론적 배경을 만들어 드린 것처럼 말이지요.

아침햇살이라는 음료 경쟁 프레젠테이션을 준비할 때였습니다. 저는 BTL 전략(Below the line, 미디어를 통하지 않는 광고방식)을 준비하고 있었는데, 아무래도 ATL 전략과 동일한 선상에서 BTL 활동이 이루어져야 하기 때문에 ATL(Above the line, 미디어를 통하는 광고방식) 담당 AE에게 브랜드 컨셉은 어떻게 되어가고 있느냐고 물었습니다. 그런데 이 친구가 사장님께서 냉장고 Share를 빼앗아 와야 한다고 말씀하셨는데 이게 어떤 의미인지 모두들 헤매고 있다고 말하더군요.

아침햇살은 쌀로 만든 음료인데 이 음료의 경쟁을 아침에 빈속에 허기를 채울 수 있는 음료와의 경쟁뿐만 아니라 전체 음료와 경쟁하겠다는 의미로 읽혀지는데 그게 가능하겠냐는 고민이었던 것입니다. 그런데 처음부터 이번 목표는 경쟁 시장을 넓히는 거라고 말씀하시면 되는데 이분들은 이런 건 다 건너뛰고 냉장고 Share를 갖고 와야 한다는 결론만 말씀하시는 경우가 많습니다. 과정은 이미 그분들 머릿속에 다 있기 때문에 과정은 빼고 결론만 말씀하시는 것이지요. 그래서 같이 일하는 사람들은 사장님이 처음 하시는 말씀을 들으면 항상 이렇게 생각합니다.

***'도대체 뭔 말을 하는 거야?'***

하지만 이 의문을 푸는 방법도 있습니다. 곧 말씀드리겠습니다.

## 어떻게 저런 생각을 하지?

다시 지크XQ 이야기로 돌아가겠습니다. 회의 때 엔진 오일의 성능에 대한 이야기를 하던 우리에게 사장님이 던진 '차값이 얼만데'라는 메시지는 이해하기 어려웠습니다. 앞뒤 설명을 다 들은 후에야 알아들을 수 있었습니다. 광고주 숙제는 지명구매해 달라는 것이었는데 브랜드와 엔진오일에 대해서 말하지 않으면서 엔진오일 광고를 한 것이니까요. 제품에 대한 이야기가 없는 제품 광고. 어떻게 이런 생각을 할 수 있을까요?

창의성에 그 답이 있습니다. 인간의 두뇌는 1,300그램 밖에 하지 않지만 몸 전체가 쓰는 에너지의 25%를 사용합니다. 참 많은 양이지요. 그러다 보니 뇌는 사용하는 에너지 양을 줄이기 위해 '게으름'이라는 방식을 선택합니다. 뇌에 입력된 과거와 비슷한 정보는 해석을 하지 않고 기존 지식으로 치부해서 기존 폴더에 저장해 버립니다. 고정관념이 작동하는 겁니다. 처음 제가 학교에서 강의할 때 맨 뒤에 앉아서 혼자 뭘 계속 끄적거리고 제 질문에 반응이 거의 없으며, 반바지를 입고 슬리퍼를 끌면서 수업에 참여하는 학생은 공부하기 싫어한다고 생각했습니다. 제 과거 경험에 의한 고정관념이지요. 하지만 학기말이 되면 그것이 바로 고정관념이었다는 것을 깨닫게 해 주는 학생들이 있습니다. 물론 그 반대의 경우도 존재합니다. 이처럼 뇌의 인지적 구두쇠 기능은 우리가 생각하는 능력을 기존의 프레임 안에 가두는 역할을 합니다. 이건 천재들도 마찬가지입니다. 하지만 그들은 자신들의 노력으로 이 프레임에서 벗어납니다.

출근이나 등교할 때 여러분은 항상 같은 길을 고집하시나요? 기존의 취미를 벗어나 새로운 취미를 배워 보신 적이 있으신가요? 이번이 몇 번째 직업이신가요?

뇌는 새로운 것에 반응합니다. 기존의 습관에서 벗어나면 뇌는 창의적이 됩니다. 새로운 것에 노출되는 것은 뇌를 게으름에서 벗어나게 하는 방법입니다. 천재들은 항상 새로운 것을 시도합니다. 출근 길도 바꿔 봅니다. 매일 다니던 길을 바꾸면 새로운 느낌을 주기 때문입니다. 이 새로운 느낌은 우리가 처음 가 보는 곳으로 여행을 떠날 때 느끼는 감정 같은 것입니다. 약간의 설레임과 긴장은 각성을 일으키고 그 각성은 새로운 느낌으로 뇌에 기억됩니다. 이처럼 새로운 기억은 창의력의 기본인 한번도 만나지 않은 것을 만나게 하는 재료가 됩니다. 물론 항상 새로움을 추구한다는 것은 무척 귀찮은 일이겠지만, 다행스러운 것은 우리도 노력하면 창의성을 갖게 될 수 있다는 것입니다.

부천에 가면 부천종합터미널이라고 있습니다. 서울의 강남 고속버스 터미널 같은 곳입니다. 이곳의 브랜딩 전략을 준비할 때였습니다. 저희는 부천종합터미널이라는 명칭은 회사명으로 하고 대신에 장소 브랜드를 만들기로 하였습니다. 그 당시 유행하던 브랜드 네이밍은 거의 다 외국어였습니다. 특히 영문이 많았는데 물론 저도 무슨 캐슬이나 팰리스 같은 영문 이름이 좋다고 생각하고 네이밍 준비를 했습니다. 그리고 회의 날. 참 당혹스러운 일이 벌어졌습니다

거의 모든 사람들이 영문이나 프랑스어 같은 외국어로 브랜드명을 제안하는데 당시 제작 상무님이 한글로 브랜드 네이밍을 하자고 했습니다. 부천종합터미널에 있는 몇 가지 전시물들을 콘셉트로 하면서 사람들이 항상 즐거운 마음으로 떠날 수 있는 곳이라는 의미를 두자고 하셨지요. 바로 소풍의 탄생입니다.

이 단어를 듣는 순간 모두가 다 얼어붙은 것처럼 조용한 정적이 흐르던 것을 기억합니다. 저는 그 이야기를 듣는 순간 제 영어 브랜드 제안이 참 유치하다는 생각이 들었습니다.

### 소풍 *Sopoooong*

부천 버스 종합터미널 소풍. 여행을 떠나는 곳인 버스 터미널의 이름으로는 더 이상 할말이 없어지는 아이디어라고 생각하지 않으십니까?. 천재들은 어떻게 이런 생각을 할 수 있었을까요? 바로 직관입니다. 사람들이 그곳에 가면 여행의 설레임과 기쁨을 느낄 것이라는 생각을 하고 그 느낌을 표현할 수 있는 하나의 단어를 찾은 것이지요. 그것도 다른 사람들이 쓰지 않는 매우 다른 방법으로 그 언어를 활용하신 것입니다. 그래야 통할 수 있다고 생각하신 것입니다. 직관이 없는 사람들은 부러울 수밖에 없는 것입니다. 하지만 너무 부러워하지는 마세요. 제가 후천적 직관을 갖는 법을 알려 드릴 테니까요. 물론 이것도 농업적 근면성을 담보로 80% 정도까지만 가능합니다.

## 나는 왜 안 될까?

천재들과 일하다 보면 자괴감에 빠지는 경우가 많습니다. 나는 하지 못하는데 상대가 해내는 것을 보는 경험은 그리 좋은 기분은 아니기 때문입니다. 물론 배울 것이 있다고 생각할 수도 있습니다. 하지만 천재를 배우기는 무척 어렵습니다. 그들은 자신이 할 줄 알기 때문에 남들이 하지 못한다는 것을 이해하지 못합니다. 그래서 남에게 가르쳐 주기가 힘듭니다. 본인은 남들이 따라 할 수 있는 방법을 이야기해 준다고 하지만 우리는 그 방법을 따라 할 수 없는 경우가 많습니다. 그들의 경험과 지식에서 채화된 내재된 방법이기 때문입니다. 그들의 생각 프로세스를 따라가야 하는데 그게 더 어렵습니다. 생각과 생각 사이의 점프가 있는데 그것을 메우기가 쉽지 않기 때문입니다.

연구에 의하면 뇌가 작을수록 입력과 출력 기능이 근접해 있다고 합니다. 그래서 입력 정보가 바로 출력 정보가 됩니다. 예를 들어, 작은 동물들은 먹이가 시각적으로 입력되는 순간 바로 출력 정보인 '먹는다'로 이어집니다. 보는 순간 먹는 행동을 하는 것이지요. 거의 모든 동물들에게 예외가 없다고 합니다. 하지만 먹을 것 가지고 예술작품을 만들거나 추수감사절 호박을 만들고 음식 데코레이션에 먹을 것을 사용하는 것은 입력과 출력 기능의 사이가 먼 인간이 유일하다고 합니다. 입력과 출력 사이에 거리가 멀수록, 뇌가 클수록, 입력 정보가 바로 출력 정보로 전환되지 않는다고 합니다. 입력과 출력 사이의 공간에 있는 정보의 양에 따라 그렇다고 하는데 천재들은 입력과 출력 사이의 공간에 뭔가 많이 들어 있는 것이지요. 그렇기 때문에 그 정보들을 활용해서 입력

된 정보를 해석하고 새로운 결과를 출력시킬 수 있다고 합니다. 바꿔 말하면 우리도 입력과 출력 사이에 많은 것들을 채워 넣으면 천재들처럼 생각할 수 있는 기본은 되는 것입니다. 채워 넣는 방법은 간단합니다. 농업적 근면성으로 많은 경험을 쌓는 것입니다. 정보를 쌓은 방법은 3장에서 이야기하겠습니다. 그럼 어떻게 하면 입력과 출력 사이에 있는 정보를 활용해 창의적인 생각을 할 수 있을까요?

### *한번도 만나지 않은 것들을 만나게 하라.*

창의성을 이야기할 때 가장 많이 하는 말입니다. 증기기관과 마차가 만나 자동차가 되었고 전화기와 컴퓨터가 만나 스마트폰이 되었다는 것이지요. 물론 그렇습니다. 하지만 어떤 것을 어떤 것에 접목해야 되는 건지는 아무도 모릅니다. 재미있는 것은 천재들은 그냥 그렇게

만 말하고 끝이라는 것입니다. 어떻게 해야 하는지 디테일은 이야기해 주지 않습니다. 다른 사람들도 다 안다고 생각해서 그렇습니다.

창의성을 해결하는 방법으로 제가 미국 샌프란시스코DDB(DDB worldwide communications group Inc., 세계 최대의 광고 회사 중 하나)에 갔을 때 배운 아이데이션 방법이 하나 있습니다. 일명 딕셔너리 메소드(Dictionary Method)입니다. 컨셉 하나를 생각하고 사전을 보면서 처음부터 한 장씩 넘긴다는 수평적 사고의 방법론입니다. 그러면 내가 풀어야 할 컨셉 또는 이미지와 딱 맞는 단어 하나를 그 사전에서 찾을 수 있다는 것이지요. 그런데 그렇게 하려면 내가 원하는 컨셉의 방향이나 메시지 범위 정도는 생각하고 시작해야 합니다. 그래야 제 컨셉과 맞는 다른 단어를 보았을 때 '유레카' 할 수 있는 것이지요. 하지만 제가 만약 미국에서 딕셔너리 메소드를 배우지 않았다면 컨셉의 방향이나 범위가 있더라도 어떻게 만나지 않은 것들을 만나게 해야 하는지 그 방법을 알 수 없었을 것입니다. 몰랐다면 아마도 그냥 '두 단어를 붙이라는데 도대체 어떻게 붙여야 하지?'라며 포기했을 것입니다.

결국 무슨 말인지는 아는데 어떻게 해야 하는지에 대해서는 잘 모른다는 것 입니다. 그래서 우리는 하기 어려운 것입니다. 하지만 천재들은 본능적으로 압니다, 어떻게 하는 건지. 그런데 그건 머릿속에서 일어나는 프로세스입니다. 그러다 보니 설명하기가 어려운 것이지요. 그나마 딕셔너리 방법 같은 걸 이야기해 주면 되는데 천재들은 그냥 머릿속으로 하니까 이런 방법이 있는 것도 잘 모르는 것이구요. 하지만 저는 여러분에게 딕셔너리 같은 방법을 쓰라고 이야기해 줄 수 있습니다. 천재들과 일하기 위해서 제가 고안한 저만의 방법이 있으니까요.

다음 장에서는 천재들과 같이 일하면서 제가 경험하고 느꼈던 이야기를 해 보겠습니다. 신과 일했을 때 일반인인 제가 살아남기 위해 했던 제 경험담입니다.

# 신과 일한 경험

## 신들의 창의성

제가 창의성에 관심을 갖게 된 것은 모두 다 신이라고 불리우는 천재들 때문입니다. 천재들과 일하다 느끼는 허탈함을 극복하고자 이들이 이야기하는 창의성에 관심을 갖게 된 것이지요. 혹시나 그 본질을 알면 나도 따라 할 수 있지 않을까라는 기대를 가지면서요. 결론은 80% 정도는 따라 할 수 있다는 것입니다. 긍정적인 결과라고 저는 생각합니다. 왜냐하면 80%는, 그들이 하는 이야기를 이해할 수 있는 수준은 되기 때문입니다. '이해한다'는 것은 천재에게 제가 이해한 것을 설명할 수 있다는 것을 의미합니다. 그냥 머릿속으로 알 것 같다는 느낌만으로는 안됩니다. 직접 말로 설명할 수 있어야 합니다. 그래야 정말로 이해한 것이 됩니다. 제가 제대로 설명하면 그들은 이렇게 말합니다.

***"오, 많이 늘었는데 ^^"***

이 이야기를 들으면 제가 이들이 한 이야기를 제대로 이해한 것이 되는 것입니다. 하지만 그때부터가 시작입니다. 왜냐하면 제가 이해했다고 그들이 판단하는 순간, 자신의 아이디어에 대한 속사포 같은 설명이 이어지기 때문입니다. 이때 집중해서 듣지 않으면 또 놓쳐 버립니다.

창의성은 문제해결 능력입니다. 한 번도 하지 않았던 방법으로 해야 하는 것이 문제해결입니다. 기존의 방법으로 해결되지 않았기 때문에 그 문제가 해결해야 할 문제가 되어 버린 것이니까요. 하지만 여기에는 한가지 함정이 있습니다. 세상에 완벽하게 새로운 것은 없다는 것입니다. 창의성은 기존의 것들을 참조하고 활용해서 새로운 조합을 만들어 내는 능력이라는 이야기입니다.

기존의 것들을 참조하는 것이 창의성의 전제라니 참 아이러니합니다. 창의적 아이디어는 한 번도 만나지 않은 새로운 것들의 만남을 통해서 나온다고 말하는 천재들의 주장은 결국 창의적 아이디어의 전제 조건이 기존 지식을 갖고 있어야 가능하다는 것을 이야기해 주고 있습니다. 기존 지식과 새로운 지식이 만났을 때 새로운 조합이 가능하기 때문입니다. 새로 나온 책을 읽고 영화를 보고 여행을 다니고 시를 읽는 이들의 행동은 새로운 것을 만들어 내기 위한 행동이기도 하지만 기존 지식을 채우는 역할도 하는 것입니다. 항상 준비하는 것이지요.

### ***'버려서 얻고 비워서 채우다'***

제가 다녔던 회사인 리앤디디비의 이용찬 사장님은 도덕경과 시를 참 좋아합니다. 도덕경을 갖고 마케팅 책까지 냈으니까요. '버려서 얻고 비워서 채운다'는 도덕경을 대표하는 말이라고 생각합니다. 재미있는 것은 광고마케팅은 상품을 판매하는 일이라는 것입니다. 상품과 인간의 욕망을 접목시켜 소비를 유도하는 일입니다. 무소유인 버리는 것과는 거리가 있는 일입니다. 욕망을 다루는 이런 일에 도덕경이라니 참 이해가 되지 않습니다. 하지만 창의성의 측면에서 보면 꼭 틀린 이야기는 아닙니다. 비운다는 것과 자본주의의 꽃인 광고는 지금까지 한 번도 만난 적이 없기 때문입니다. 이 둘이 만나서 새로운 그 어떤 것을 만들어 낸다는 것이야 말로 그가 항상 이야기한 창의성을 몸소 보여 주는 것이니까요.

이용찬 사장님이 가장 좋아하는 노자의 가르침은 바로 부쟁(不爭)입니다.

## 부쟁

싸우지 않는 것이란 뜻입니다. 그런데 광고마케팅에는 전략, 타겟 등 유독 전쟁 용어가 많습니다. 시장에서 브랜드의 마켓쉐어를 획득하고 지켜야 하기 때문입니다. 마켓쉐어는 그냥 얻을 수 없습니다. 상대방과 싸워 이겨서 얻는 것입니다.

저는 미국 출장에서 우연히 본 영상 한 편을 잊지 못합니다. 내용은 이렇습니다. 광활한 대지 위 저 끝에서 뿌연 먼지가 일어납니다. 웅장한 소리와 함께 브랜드의 로고 컬러인 붉은색으로 도색한 커다란 윙 트럭들이 바닥에 깔린 경쟁사 제품의 플라스틱 박스를 밟아 부수면서 힘차게 달려 나오는 영상이었습니다. 참 멋있다고 생각했습니다. 싸워야 할 적이 누구인지 명확히 보여 주는, 내부 직원들의 사기를 올려 줄 멋진 영상이었으니까요. 광고마케팅이란 이런 것입니다.

포지셔닝 개념을 창조한 알 리스(Al Ries)와 잭 트라우트(Jack Trout)도 《마케팅 전쟁Marketing War-Fare》 라는 이름의 책을 출간하면서 '마케팅은 전쟁이다'라고 규정했습니다. 경쟁사와 싸워 이겨서 그들의 마켓쉐어를 빼앗아 오는 것이 광고마케팅의 본질입니다. 그런데 갑자기 부쟁(싸우지 않는다)이라니요.

싸우지 않고 이긴다는 것은 상대방 영역에 내 자리를 구축하는 것이 아니라, 나만의 영역에 내 자리를 구축해야만 가능한 일입니다. 그래야 싸우는 것을 피할 수 있습니다. 그러기 위해서는 먼저 나를 알아야 합니다. 상대의 입장에서 나를 차별화하는 것이 아니라 나 자신 자체를 차별화하면 그들의 영역에서 벗어나 내 영역을 구축할 수 있기 때문입니다. '나 다움(정체성)'을 통한 내 존재 이유를 증명해야 가능한 일입니다.

살충제 브랜드 홈키파는 에프킬라와 함께 살충제 시장을 대표하는 브랜드입니다. 그 당시 에프킬라는 강력한 살충효과를, 홈키파는 안전이라는 인식을 소유한 브랜드 였습니다. 살충제는 해충을 박멸해야 하는 제품으로, 강력한 살충 효과는 소비자가 가장 원하는 메시지 였습니다. 하지만 에어로졸 사용시 나오는 석유냄새에 대한 거부감을 갖고 있는 소비자도 존재하고 있었습니다.

홈키파는 석유냄새에 거부감을 갖고 있는 소비자들의 세그멘트(segment, 고객층의 성향에 맞게 제품이나 서비스, 판매방법을 다양화하는 마케팅 기법)를 대상으로 신제품을 개발하기로 했습니다. 문제는 독한 석유냄새를 살충 능력의 근거로 삼는 소비자들의 인식이었습니다. 잘못하면 석유냄새 없는 신제품은 살충효과가 약하다는 인식을 심어 줄 수도 있는 상황이었습니다. 하지만 얼마 지나지 않아 이 결정은 탁월한 선택이였음을 알게 되었습니다. 시장 점유율이 늘어나고 있었던 것입니다. 소비자 사용 습관 분석에 의하면 에어로졸 형태 살충제는 냄새가 독하기 때문에 사람이 없는 방에 먼저 에어졸을 뿌립니다. 그리고 시간이 지난 뒤 환기를 하고 난 후에 방에 들어갑니다. 석유냄새가 강하면 건강도 안 좋은 것으로 인식하고 있다는 것입니다. 안전이라는 인식을 소유하고 있던 홈키파는 이런 소비자 인사이트를 바탕으로 살충력도 있으면서 석유냄새가 없는 제품을 출시하여 냄새에 민감한 소비자들을 흡수하게 된 것입니다.

이 전략의 기본은 기존 제품과 싸우지 않는 데 있습니다. '해충박멸'이라고 하는 살충효과 싸움터에서 나와 석유냄새를 싫어하는 소비자들에게 다가감으로써 안전 · 안심이라는 브랜드 컨셉을 확장시킨 세그멘트 전략의 성공이었습니다.

부쟁, '싸우지 않으려면 자신의 정체성을 확인하고

내 자리를 찾는다'를 실천해서 시장에서 성공한 제품입니다.

그런데 이 전략에도 한 가지 약점이 있습니다. 바로 나만의 영역을 구축할 수 있는 영역에는 소비자가 없을 수도 있다는 것입니다. 고객이 없기에 그 영역이 비어 있을 수도 있는 것이니까요. 세그멘테이션 전략을 잘못 세우면 이럴 수도 있다는 것입니다. 홈키파가 한창 잘 나갈 때, 경쟁사 한 곳에서 신제품을 발표했습니다. '새벽모기 잡는 살충제'라는 컨셉이였습니다. 사실 소비자 조사를 해 보면 새벽녘에 모기에게 많이 물리는 것 같다는 이야기가 나옵니다. 자기 전에 설치한 살충제의 효과가 시간이 지나면서 약해진다고 생각하는 소비자들이 많은 것입니다. 아마 이런 소비자 인사이트 결과를 참조해서 '새벽모기에 강한' 살충 제품을 시장에 출시한 것이라고 생각합니다.

하지만 요즘에 이런 클레임을 하는 살충제가 없는 것을 보니 안타깝게도 새벽모기 전략은 그렇게 큰 성공을 거둔 것 같지는 않습니다. 하지만 창의성이란 관점에서 보면 훌륭한 시도입니다. 소비자 인사이트를 찾아 제품의 존재 이유를 만들고 자신만의 정체성으로 무장해 시장에 나왔으니까요. 하지만 불행하게도 시장 사이즈 계산에 오류가 있었던 것 같습니다. 새벽모기 세그멘트가 그렇게 크지 않았던 것이지요. 정체성을 찾고 존재이유를 만들어 시장에 진출하더라도 항상 성공하는 것은 아닙니다.

그럼에도 불구하고 냄새없는 홈키파는 '냄새없음'과 '살충효과'라는 기존에 만나지 않은 두 요소의 만남을 활용해 새롭게 시장을 구축했습니다. 한국크로락스에서 이 프로젝트를 리드한 마케팅 임원 역시 제가 만난 천재 중 한 명 입니다. 이 사람과 3년 넘게 같이 일하면서 제가 배운 것 중 하나가 바로 '생각 프로세스'입니다. 그의 특징은 어떻게 하면 효과적인 의사결정을 할 수 있을 것인가를 고민하던 사람이었습니다. 그리고 그 유명한 어록을 제게 남겼습니다.

***'그 주장의 근거는 무엇인가요?'***

모든 주장에 근거가 있는 것은 아니라고 생각했습니다. 특히 광고마케팅에서 아이디어에 대한 근거를 대라고 하니 참 당혹스러웠습니다. 하지만 제 생각이 틀렸다는 것을 지금은 알고 있습니다. 근거가 없다는 것은 생각 프로세스가 정리되지 않아서 생각과 생각 사이에 함정이 있는 것이라는 말이니까요. 이것이 정리되지 않으면 광고에서 주장하는 메시지인 소비자 혜택의 근거가 희박해질 수 있습니다. 디테일하지 않은 것이지요. 디테일 하지 않으면 어느 단계에서든지 문제가 발생합니다. 특히 아이디어는 더 그렇습니다. 아이디어야말로 가장 논리적으로 설명될 수 있어야 구체화시킬 수 있기 때문입니다. 구체화되지 못하는 아이디어는 그냥 생각으로 남을 뿐입니다. 만약 회의 때 이야기했는데 1초 안에 별 반응이 없으면 그건 아이디어가 아닌 그냥 생각을 이야기한 것입니다. 그럴 때 바로 미안합니다 하고 한번씩 하고 웃으면 됩니다.

천재들은 창의성을 키우라고 말합니다. 하지만 우리는 어떻게 창의성을 키우는지 알지 못합니다. 설사 방법을 안다고 해도 실천에 옮기기는 쉽지 않습니다. 그 방법은 그들이 쓰는 방법이기 때문입니다. 우리 같은 일반인들은 일반인이 가능한 방법을 써야 합니다. 제가 그들과 일하면서 쓴 방법처럼 말이지요. 천재들이 하는 방법론을 듣고 낙담하지 마십시오. 우리가 할 수 있는 방법을 알려 드리겠습니다. 물론 그 효과는 천재들의 80%

정도가 될 것입니다.

다음은 천재들이 요구하는 두번째 능력인 고정관념 깨기입니다. 이거 정말 어렵습니다. 천재들은 책상을 책상이라고 부르지 말고 다른 것으로 불러 보면 뇌가 활동적이 된다고 합니다. 글쎄요. 책상을 책상이라고 하지 뭐라 하겠습니까? 저에게 책상은 그냥 책상일 뿐입니다. 하지만 고정관념을 파괴하고 새로운 관점을 갖기 위한 방법이라는 것에는 동의합니다.

사랑은 꽃으로, 한 편의 시로, 때로는 자동차나 돈, 하트 모양의 풍선으로 구체화됩니다. 그런데 이런 비유는 누가 정한 것일까요? 왜 사람들은 사랑과 꽃을 동일시할까요? 이미 다른 천재들이 만들어 놓은 고정관념으로 세상을 보기 때문입니다. 세상은 고정관념 없이는 타인들과 커뮤니케이션 하기 어렵습니다. 고정관념은 사람들끼리 소통하기 위해 만들어 놓은 약속이기 때문입니다. 그럼 이제 천재들이 이야기하는 고정관념 활용을 통한 창의성 개발 방법에 대해서 알아보겠습니다.

## 고정관념을 깨라

천재가 천재스러운 것은 고정관념 파괴자이기 때문입니다. 이들은 기존의 관습을 잘 인정하지 않습니다. 인정하지 않는다고 이야기하는 것 보다는 관심이 없다는 표현이 맞을 것 같습니다. 왜냐하면 그들에게 고정관념은 크게 중요하지 않습니다. 고정관념 없이도 세상을 설명할 수 있으니까요. 만약 없으면 만들어 낼 수도 있습니다. 그런 능력이 있는 사람들이니까요. 그래서 만약 지금 집중할 대상에 그것이 들어있지 않으면 관심이 없습니다. 하지만 집중할 대상에 그 고정관념이 들어가 있다면 그것을 파괴하고 새로 생각할 수 있는 능력이 있기 때문에, 지금 필요한 것이 아니면 그들에게는 중요하지 않은 것입니다.

제가 천재들과 일하면서 가장 많이 들었던 이야기 중 하나가 '고정관념을 버려라'입니다. 그들이 이러는 이유는 세상에 대한 고정관념을 버리면 새로운 시도가 가능해지기 때문입니다. 일단 책상을 책상이라고 부르지 않게 되면 책상은 물론 책상과 연계되어 있는 모든 것들에 대한 재정의가 필요합니다. 책상을 다른 이름으로 바꾸면 책상서랍이라는 이름도 바꿔야 하고, 의자라는 이름도 바꿔야 하고, 책꽂이라는 이름도 바꿔야 하니까요. 문제는 우리가 게으르다는 것입니다. 그냥 두면 될 것을 괜히 바꿀 필요가 없다고 생각하는 것이지요. 제가 그들에게 가장 많이 들었던 말 중의 하나도 바로 이것입니다.

### '너는 포기가 너무 빨라'

그들은 답을 찾을 때까지 포기하지 않습니다. 나올 때까지 밀어붙입니다. 내일 아침 10시가 프레젠테이션인데 밤 12시 회의에서 문제가 발견되면 모든 것을 다 새로 만듭니다. 그리고 처음과는 완전히 다른 전략으로 9시간 만에 제작물까지 모두 다 다시 만들어서 냅니다. 그러니 옆에 있는 사람들은 거의 다 죽는 것입니다. 하지만 이들에게 절대 포기와 타협은 없습니다.

제가 같이한 천재들은 어떤 사물을 설명하는 단어들을 제외하고 그 사물을 설명하는 것으로 고정관념에 도전하셨습니다. 예를 들면, 책상이라는 단어를 빼고 책상을 설명하는 것에 도전한 것입니다. 그러면 그것(책상)을 설명하기 위해 많은 새로운 단어와 단어의 조합이 필요하고 그것들을 통해 새로운 것을 만들 수 있다는 것입니다. 참 어렵고 피곤하게 사는 사람들입니다. 이쯤에서 이들의 공통적 특징 하나를 말씀드리겠습니다. 이런 사람들이 최애하는 아이템이 바로 시(時)입니다. 시를 좋아하는 이유는 책상을 빼고 책상을 설명하는 유일한 방법이기 때문입니다.

누가 죽어 가나 보다
차마 다 감을 수 없는 눈
반만 뜬 채
이 저녁
누가 죽어 가는가 보다

산을 저미는 이 세상 외로움 속에서
물같이 흘러간 그 나날 속에서
오직 한사람의 이름을 부르면서
애 터지게 부르면서 살아온
그 누가 죽어 가는가 보다

풀과 나무 그리고 산과 언덕
온 누리 위에 스며 번진
가을의 저 슬픈 눈을 보라

정녕코 오늘 저녁은

비길 수 없이 정한 목숨이 하나

어디로 물같이 흘러가 버리는가 보다

제가 모시고 같이 일한 한 천재가 좋아하는 김춘수 시인의 '가을 저녁'이라는 시입니다. 그가 이 시를 좋아하는 이유는 하나입니다. 이 시 어디에도 가을과 연관된 언어들이 없이 가을을 표현했기 때문입니다. 가을 이라는 고정관념을 버리면 가을과 연계된 연상들 없이도 가을을 표현 할 수 있다는 것입니다. 저도 사실 이 시는 잘 모릅니다. 그리고 이 시가 가을 저녁을 이야기하고 있다는 것도 잘 이해가 가지 않습니다. 그래서 이번에는 제가 좋아하는 시를 한번 보고 이야기해 보겠습니다.

이도 저도 마땅치 않은 저녁

철이른 낙엽 하나 슬며시 곁에 내린다

그냥 있어 볼 길밖에 없는 내 곁에
저도 말없이 그냥 있는다

고맙다
실은 이런 것이 고마운 일이다

김사인 시인의 '조용한 일'이라는 시입니다. 일단 제가 좋아하는 시는 천재들이 좋아하는 시보다 짧습니다. 길면 난해해지기 때문입니다. 낙엽은 일반적으로 이별이라는 연상에 더 가까운 언어입니다. 이별, 죽음, 나이 듦, 외로움 등을 상징하는 언어인데 그 낙엽이 나무에서 떨어지는데, 이 시인은 죽음이 아닌 감사를 표현했습니다. 저는 이 정도만 되어도 충분히 고정관념을 버리고 새로운 작업을 했다고 생각합니다. 지금 발생하는 현상과 자신의 그 당시 기분을 맞춘 것으로, 한 번도 만나지 않은 두 가지가 만난 것이니까요.

외국계 광고주를 오래 담당했습니다. 그러다 보니 해외에서 사용하는 광고 비주얼을 그대로 사용하면서 카피만 변경하는 경우가 종종 있습니다. 사실 외국 기업들은 브랜드 매뉴얼이 매우 자세하게 되어 있어 로컬에서 수정할 사항이 별로 없는 경우가 많습니다. 제가 했던 어느 외국 스킨케어 브랜드의 경우 모델이 바라보는 눈 방향까지도 정해져 있어 촬영할 때 모델이 힘들어했던 기억이 있습니다. 이런 경우에는 카피 역시 영문과 가장 비슷한 의미로 번역해야 합니다. 그런데 특히 어려운 경우가 브랜드 슬로건을 번역할 때입니다. 영어로는 의미가 전달되는데 한글로 했을 때 그 느낌이 전달되지 않는 경우가 종종 있기 때문입니다. 그럴 땐 풀어서 이야기해야 하는데 그게 카피라이터에게는 참 어려운 작업입니다. 제가 가장 좋아하는 의역된 브랜드 슬로건은 바로 '작은 차이가 명품을 만든다'입니다. (Let's Make Things Better)

제가 담당했던 외국 광고주 중에 글로벌 석유기업이 있었습니다. 한국에서는 엔진오일 브랜드로 알려져 있었습니다. 이 브랜드에서 한국에 합성엔진오일을 런칭하고자 저희 회사를 찾아왔습니다. 합성엔진오일은 석유에서 추출한 일반 광유계 엔진오일이 아니라, 실험실에서 엔진오일 원료를 합성해서 만든 합성오일입니다. 당연히 불순물이 없고 순도가 높아서 자동차에도 무리가 없는 제품입니다. 해외에서는 포뮬라 원의 비싼 경주용 자동차들을 출연시켜 이들이 사용하는 최고급 엔진오일이라는 이야기로 광고하고 있었습니다.

저희가 처음 이 프로젝트를 시작할 때 우리는 제품적 특성에서 답을 찾으려고 했습니다. 그러다 보니 합성엔진오일과 일반 엔진오일 비교하게 되었고 불순물이 없어서 더 좋다라는 수준의 아이디어만 나왔습니다. 그때 저희를 구원해 준 사람이 바로 사장님입니다. 사장님은 회의에 들어오자마자 바로 답을 내주었습니다.

***'이건 고급차를 위한 엔진오일이네.'***

엔진오일을 설명하면서 엔진오일을 쓰지 않는 것으로, 앞에서 말씀드린 지크XQ 전략 접근과 동일합니다. 결국 엔진오일이라는 고정관념에 속해 있지 않은 연상 중 하나인 자동차를 활용하여 브랜드 컨셉을 정리한 것이지요. 이미 앞에서 지크 예시로 충분한 설명을 하였기에 이 정도로 마칩니다. 아, 그러다 보니 궁금하시겠네요. 이 두 사람이 같은 사람인지 말입니다. 네, 맞습니다. 물론 담당 AE도 저로 동일합니다.

이 브랜드의 광고는 라디오로만 접근했습니다. 예산 문제도 있었지만 자동차를 운전하는 상황에서 듣는 것이 훨씬 더 효과적이라고 생각했기 때문입니다. 매체의 열린틈(Media Aperture)이라는 개념을 쓴 것입니다. 소비자가 메시지에 가장 잘 집중하고 호응할 수 있는 미디어나 플랫폼을 활용하는 매체전략이라고 보시면 됩니다. 우리는 이 광고 집행 후 광고주에게 재미있는 이야기를 들었습니다. 많은 분들이 회사로 전화하셔서 '난 고급차가 아닌데 쓰면 안 되냐'는 불만 아닌 불만 전화를 하셨다는 것입니다. 물론 '내 차는 이건데 이게 고급차냐'라는 질문도 있었다고 합니다. 엔진오일은 엔진오일로 메시지를 만들어야 한다는 고정관념을 파괴해서 성공한 성공 사례입니다.

강남구 코엑스 옆 삼성동에 가시면 레지던스 호텔로 유명한 오크우드 호텔이 있습니다. 이곳에는 컨벤션 부속 센터가 있는데 이곳이 바로 한국관광공사 자회사가 운영하는 외국인 전용 카지노 중 한 곳입니다. 외국인 카지노를 오픈하겠다는 정부 발표가 있고 난 어느 날이었습니다. 저희 사장님이 갑자기 저를 부르더니 같이 갈 곳이 있다고 하시면서 오크우드 호텔 회장실로 저를 데리고 갔습니다. 그곳에서 오크우드 컨벤션 부속 센터에 있는 카지노 시설에 대한 이야기를 들었고, 그곳을 관광공사에 임대하는 사업장으로 사용하고 싶으니 그 제안 프레젠테이션을 호텔 팀과 같이 준비해 달라는 숙제를 회장님께 받았습니다.

카드는 물론 고스톱도 하지 못하는 저는 많이 당황했지만 호텔 팀과 같이 하는 작업이라 하겠다고 했습니다. 문제는 이 프로젝트의 팀장을 이용찬 사장님께서 직접 하셨다는 것입니다. 저로서는 천재와 단둘이 처음 같이 일해 본 경험이었습니다. 일단 저희는 준비된 호텔이라는 것을 핵심 메시지로 잡았습니다. 다른 호텔과 비교할 때 시설물이 어느 정도 준비되어 있었기 때문입니다. 그래서 어떻게 이 시설들을 효과적으로 발표장에서 보여 줄까를 고민했습니다. 물론 심사위원들은 장소를 보고 프레젠테이션 장소로 옵니다. 하지만 그들이 보는 것은 시설물이 들어찬 공간이 아니라 시설물들이 들어갈 비어 있는 공간을 보는 것이었습니다. 그래서 우리는 그 빈 공간에 실제로 시설물들이 들어가면 어떤 모습으로 될 것인지를 보여 드리기로 했습니다. 그리고 메시지 전략은 미국 라스베가스의 성공사례와 동일한 컨벤션 효과(컨벤션이 열리면서 집객률이 올라가는 현상)로 정리하기로 했습니다. 이런 이유로 우리는 발표 전체를 영상으로 만들기로 결정했습니다. 상상력을 시각화해서 정확한 모습을 보여 주는 것이 더 효과적이라고 판단해서입니다. 물론 저희 사장님 아이디어였습니다.

문제는 영상 나레이션 작업을 시작하면서부터였습니다. 저는 사장님의 직접적인 디렉션(지시)을 듣고 열 번도 넘는 수정 작업을 했습니다. 물론 처음에는 사장님이 무슨 말을 하는지 안다고 생각했습니다. 사장님 말을 듣고 나레이션을 썼는데 계속 수정하라 하니 저는 뭐가 잘못된지 가늠할 수도 없었습니다. 아마도 제 인생에서 대입시험때를 제외하고 제가 그렇게 많은 식은땀을 흘려본 적은 그날이 처음이였을 것입니다. 그렇게 무지하게 헤매면서 열 번째 수정안을 드렸을 때 사장님이 이제야 만족해하면서 제게 무슨 말을 했을까요? 네, 맞습니다.

***'오~ 이제 좀 늘었는데..'***

그날 흘린 식은땀으로 열 번의 수정을 거친 나레이션 쓰는 작업 이후 저는 두 번의 경쟁 프레젠테이션에서 기획안 자체를 영상으로 만드는 전략을 써서 승리했습니다. 배운 것을 그대로 써먹은 것이지요. 다른 경쟁 광고회사들이 직접 프레젠테이션을 진행할 때 저희는 발표장을 암전으로 만들고 음향효과와 함께 프레젠테이션 내용을 영상으로 전달한 것입니다. 짧은 한 편의 드라마를 보는 것처럼 제작하다보니 그 임팩트가 컸던 것입니다. 프레젠테이션은 프레젠터가 직접 한다라는 고정관념을 깨고, 저희가 준비한 스토리를 가장 효율적으로 보여 줄 수 있는 방법으로 영상을 선택한 것입니다. 평범을 거부하고 다르게 해 보는 것. 천재가 생각하고 행동하는 방법입니다.

천재들은 어떻게 이런 남들과 다른 생각을 할 수 있을까요? 어떤 생각이 '이렇게 하면 잘 될 것 같다'는 판단을 내릴 수 있게 했을까요? 선천적으로 감이 좋은 걸까요? 아마도 그런 것 같습니다. 그래서 그런지 제가 같이 일했던 천재들은 제게 직관을 키워야 한다는 말을 많이 했습니다. 그런데 말입니다. 직관은 키워지는 게 아닙니다. 선천적인 것입니다. 그들은 쉽지만 저는 어려운 이유입니다.

## 직관을 활용하라 – 직관은 통찰력이다

여러분은 감이 있는 축에 속하시나요? 사회생활을 하다 보면 감이 좋은 사람들을 만나게 됩니다. 직관이란 '사고의 과정을 거치지 않고 곧바로 알아내는 것으로 이성적 추론을 거치지 않고 사물이나 현상의 본질을 이해하는 것'이라고 합니다. 사고의 과정을 거치지 않는다는 것은 타고난 본능이 더 많은 영역을 차지하고 있다는 것입니다. 선천적이라는 이야기죠.

제가 경험해 본 천재들은 이런 직관을 통찰력이라고 합니다. 통찰. 꿰뚫어 본다는 것입니다. 주말 사극에서 궁예가 했던 관심법 같은 거지요. 통찰은 광고전략에서도 많이 나오는 단어입니다. 특히 크리에이티브 브리프를 쓸 때 'What is the Insight?'를 '소비자 통찰은 무엇인가?'로 번역해서 쓰고 있습니다. 광고마케팅에서 이야기하는 통찰은 소비자들이 해당 제품이나 서비스를 사용할 때 생각하는 심리적인 속마음 같은 것입니다. 광고대행사 DDB에서 광고주인 미국 철도 브랜드 암트랙Arm Track의 '기차여행을 제고하라'는 광고를 만들 때 쓴 소비자 통찰을 보여 드리겠습니다.

'Travel is meant to be enriching, but often car travel is tiring and hassle(particularly with kids). Planes are expensive, dehumanizing and subject to delays. The train is the only major mode of transport that adds to the enjoyment of the journey rather than detracting from it'.

'여행이란 풍부해지는 것을 의미한다. 하지만 자동차

여행은 피곤하며 아이들과 함께 할 때는 더 힘들어지는 경우가 있다. 비행기는 비싸고 인간미가 없으며 연착할 수도 있다. 열차는 여행의 느낌을 손상시키지 않으면서 여행의 즐거움을 더해 주는 유일한 운송 수단이다.'

—DDB Springboard Approach 중에서

여행의 본질에 대한 이해와 경험 없이 쓰기 불가능한 문장입니다. 이처럼 통찰은 소비자가 마음속에 생각하고 있는 느낌을 이야기합니다. 이것을 제3자가 알아차릴 수 있는 능력이 있다면 그것을 직관이라고 할 수 있습니다. 천재들은 직관을 갖기 위한 방법으로 '왜'라는 질문을 합니다. 사람들이 왜 기차를 자동차 대신에 이용하는지 물어보면 답을 얻을 수 있다는 것입니다.

하지만 물어본다고 해서 사람들이 그들의 속마음을 이야기하지는 않습니다. 더구나 자신의 속마음이 무엇인지 모르는 사람도 많습니다. 저도 기차에 대한 환상을 갖고는 있지만 표현해 본 적은 없습니다. 이 예시를 보면서 생각해 보니, 저도 기차에 대해서는 위에서 이야기한 그런 비슷한 감정을 갖고 있었던 것 같다는 느낌을 받은 것뿐입니다. 하지만 천재들은 직관을 통해 나도 알지 못하는 그 무엇을 끌어내는 능력이 있습니다. 참 부러운 일이지요. 하지만 이것도 연습하면 어느 정도는 따라 할 수 있습니다.

이직한 광고회사에서 은행 광고를 한 적이 있습니다. 그 당시 저희의 고민은 '친근하다'라는 이미지를 어떻게 그 은행만의 관점에서 소비자에게 다르게 이야기할 것인가 였습니다. 왜냐하면 그 당시 거의 모든 은행들이 하는 이야기는 다 비슷비슷했기 때문입니다.

저희 팀은 사람들이 은행에 대해서 갖고 있는 생각들에서 인사이트를 찾아내려 하였고 그때 대한민국 광고

계의 대표 크리에이터이신 사장님이 사람들이 은행에 바라는 공통된 생각 중 하나가 '원하는 일이 쉽게 이루어졌으면' 하는 것이 아닐까라는 말을 해 주었습니다. 그러면서 우리는 그것을 제공할 능력이 있으니 우리가 그것을 해 주는 은행이 되면 된다고 하더군요.

해당 은행의 장점을 사장님은 이렇게 해석한 것입니다.

어떤 금융 파트너를 만나느냐, 얼마나 정확하고 앞선 정보를 얻느냐, 어떤 상품, 어떤 조언을 받느냐에 따라, 일이 잘 풀리느냐, 안 풀리느냐가 결정된다는 논리입니다. 결국 그 은행이 갖고 있는 글로벌 네트워크, 원칙, 스마트 금융시스템으로 '고객의 일을 술술 풀어 주는 은행'으로 가자고 하셨습니다. 아래가 준비한 슬로건입니다.

***'○○은행을 만나면, 인생이 술술 풀린다'***

○○은행의 장점과 소비자의 욕망을 정확히 매칭시

킨 것입니다. 이처럼 천재들은 직관을 갖고 문제를 풀어냅니다. 이런 과정을 옆에서 지켜보다 보면 너무 부럽습니다. '왜 나는 저렇게 못하지'라는 생각에 가슴이 아프지만 '그래도 저런 사람과 같이 일해서 다행이야'라는 생각으로 바뀌게 됩니다. 만약 저런 사람과 경쟁 프레젠테이션 자리에서 맞붙게 된다면 고생은 고생대로 하고 이기기는 어려우니까 말입니다. 우리 편이라서 다행인 것이지요.

이 사장님이 만든 또 하나의 아이디어가 있습니다. 저희가 포인트를 많이 제공해 주는 포인트 혜택 중심의 광고 컨셉으로 신용카드 광고를 만드느라고 고생하고 있을 때였습니다. 사장님이 저희 이야기를 다 듣고는 직접 노트북에 그림 한 장을 그리는 것입니다. 그리고 거기에는 이렇게 써 있었습니다.

## '포인트 부자 되세요~'

뭐 다른 말이 필요하겠습니까? 사람들은 누구나 부자가 되고 싶어 합니다. 부자가 되려면 모아야 합니다. 카드는 돈을 쓰는 것이지만 반대 급부로 포인트를 받습니다. 포인트 모아서 부자 되라는 이 메시지를 저희는 왜 생각 못 했을까요? 아마도 모은다는 개념보다는 모은 포인트를 다양하게 쓸 수 있다는 것에만 너무 집중한 탓인 것이지요. 카드는 쓰는 도구지만 모으는 도구도 될 수 있다는 사실. 카드를 쓰고 포인트를 모으는 사람들의 심리에 대한 직관적 해석이 부족했던 것 입니다.

잘 보셨는지요. 지금까지 제가 신으로 불리우는 천재 광고마케터들, 광고크리에이터분들과 같이 일한 경험을 몇 가지 소개해 드렸습니다. 이 글을 쓰면서 같이 일했던 순간들이 머릿속에 지나가고 있지만, 그때 그 순간 순간에 느꼈던 감동과 놀라움 그리고 감탄과 한숨은 제 기억 속에 뚜렷하게 남아 있습니다. 신들과 같이 한 경험으로, 저는 천재는 아니지만 천재처럼 일할 수 있는 방법에 대해 찾게 되었고 그동안 그들과 일하면서 제 나름대로 만들어 놓은 천재 따라잡기 공부법을 여러분과 함께 나눌 수 있는 기회를 마련해야겠다고 생각했습니다. 그리고 지금 그 기회가 생겨 다행이라고 생각합니다. 다음 장에서는 그 이야기를 해 보도록 하겠습니다.

# 천재 따라잡기 공부법

## 창의성 대신에 본질 찾기

여러분 혹시 야구 좋아하시나요? 저는 야구의 빅팬은 아니지만 염경엽 감독의 데이터 야구라는 콘셉트를 좋아합니다. 선수들의 상태뿐만 아니라 선수 개개인 또는 팀의 색깔이나 습관 등을 통해 타구가 떨어지는 곳, 투수가 던진 공이 홈 플레이트를 통과하는 위치, 타자의 배트에 공이 맞는 좌푯값까지 찾아내 훈련이나 경기 중 활용한다는 기사가 보도될 정도로 그는 데이터 야구계의 신입니다. 영화 《머니볼》은 미국 프로야구 선수들을 데이터 기반으로 선발하여 월드시리즈까지 올라간 오클랜드 어슬레틱스 빌리 빈 구단주의 성공담을 그렸는데 이 영화에 이런 대사가 나옵니다.

"타자는 출루율이 중요합니다. 공에 몸이 맞든, 포볼로 걸어 나가든, 안타를 치든 상관없습니다. 1루를 밟아야 다음 야구를 할 수 있습니다. 안타 잘 치는 선수 말고 1루를 많이 밟는 선수가 우리에게 필요합니다."

영화를 보면서 저도 깜짝 놀랐습니다. 안타를 쳐야만 1루를 갈 수 있는 것이 아니라 사구를 골라내는 능력, 공을 피하지 않는 데드볼 등으로도 출루할 수 있다는 그 발상은 야구의 본질이 안타가 아니라 1루 출루율이라는 것을 데이터를 통해 이야기하고 있기 때문입니다. 안타나 홈런이 아닌 출루율이 야구의 본질이 될 수 있다는 관점은 매우 흥미로웠습니다. 그만의 야구의 본질을 발견한 덕분에 아무도 흥미로워 하지 않는 기록을 가진 선수들과 함께 위대한 야구 역사를 만들 수 있었던 것입니다. 본질에 바탕을 둔 창의적 아이디어의 한판승이였습니다.

그런데 제가 본 천재들은 본질 찾기를 잘 하지 않습니다. 직관이 있기 때문입니다. 직관으로 본질을 파악하기 때문에 본질 찾기를 하지 않고 바로 그 다음 단계로 넘어갈 수 있습니다. 마치 저희가 담당했던 엔진오일 브랜드의 경우처럼, 엔진오일은 제품이 아니라 자동차와 연결했을 때 그 본질이 갖고 있는 영향력이 더 커진다는 것을 직관으로 아는 것처럼 말입니다. 그렇다면 직관이 약한 일반인인 우리는 어떻게 본질을 찾는 프로세스를 진행시킬 수 있을까요? 먼저 제가 담당했던 케이스들을 살펴보도록 하겠습니다.

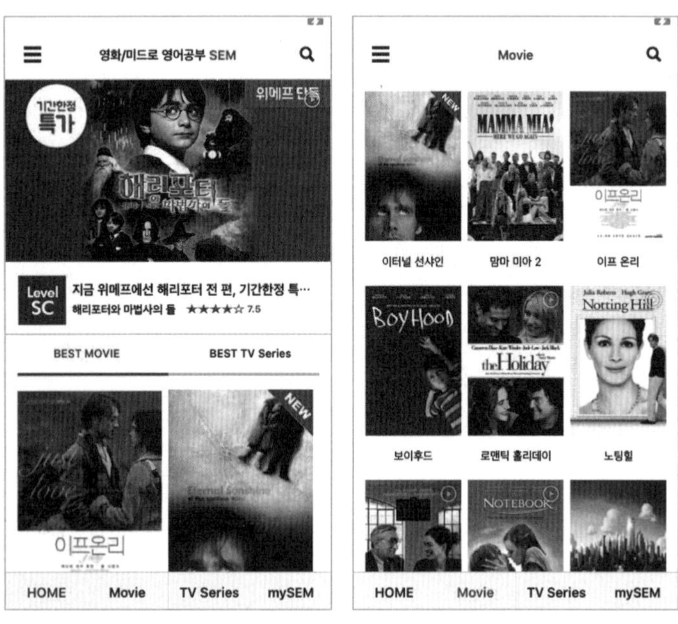


영화/미드로 영어공부 SEM

### *'영화는 끝나도 영어는 남는다, 보는 영어 SEM'*

제가 만든 영화 영어 학습앱 SEM의 브랜드 콘셉트입니다. 사실 이 프로젝트를 진행하면서 이 서비스를 무엇으로 규정해야 하는지에 대한 고민이 많았습니다. 이 서비스의 본질을 영화를 보면서 필요하면 대사를 찾아볼 수 있는 영화 서비스앱로 규정하는 것이 맞는 것인지, 아니면 영어를 배우기 위한 수단으로 영화를 내려받는 학습앱으로 하는 것이 맞는 것인지에 따라 전략이 달라지기 때문입니다.

제가 내린 결론은 학습앱에 더 충실한 교육 서비스로 만들자는 것이었습니다. 앱에 설치된 모든 영어 학습 기능을 더 정교화시키고 스크린 영어의 단점인 한 두개의 영화 타이틀 제공이 아니라 최신 영화까지 학습 도구로 사용할 수 있다는 것을 강조하는 것이었습니다. 이를 통해서 영화 영어 앱에서 독보적인 위치를 갖고 가면서 학습은 물론 다양한 영화 다운로드까지 가능하게 하자는 전략을 제안했습니다. 그리고 보신 것과 같은 브랜드 콘셉트를 제안하게 된 것입니다.

이 브랜드 콘셉트는 천재들처럼 창의적이지는 않지만 업의 본질과 장점을 정확하게 표현한 언어로 이루어져 있다고 생각합니다. 사실 순서로 보면 창의성은 두 번째 과제입니다. 첫 번째 과제는 제품의 본질이 무엇인지를 찾는 것입니다. 본질을 찾지 못한다는 것은 내가 누구인지 모르고 일을 시작하는 것과 동일하기 때문입니다. 창의성은 본질을 새롭고 다르게 표현하는 것으로부터 시작합니다. 하지만 본질이라는 토대가 튼튼하지 않으면 그 위에 아무리 새로운 꽃이 핀다 해도 사상누각이 될 수밖에 없습니다. 잊지 마십시오. 창의성은 본질 위에 새롭게 피는 꽃입니다.

2018년 겨울이었던 것으로 기억합니다. 포항 지진이 나고 시간이 어느 정도 지난 시점에 포항시 자문위원이며 미국 대학 은사이신 한동대 장규열교수님으로부터 전화 한 통을 받았습니다. 이번 지진 피해가 꽤 큰데 사람들 기억속에서 이번 지진이 점점 잊혀져 가는 것이 안타깝다면서, 전 국민이 포항 지진을 잊지 않고 기억할 수 있는 캠페인을 하고 싶다고 했습니다. 그리고 이 이야기를 전해 들은 제 선배가 아래의 메시지를 만들어주었습니다.

***'포항 지진이 아닙니다. 대한민국 지진입니다'***

포항 지진의 본질은 대한민국도 이제 지진에서 자유롭지 않다는 것입니다. 대한민국도 지진 피해를 입을 수 있다는 사실을 증명해 준 사건이었으니까요. 포항 지진의 본질을 파악하고 나니 그 자체가 아이디어가 된 것입니다. 물론 창의적인 메시지는 아니라고 할 수 있습니다. 하지만 캠페인 목표가 정확히 전달될 수 있는 임팩트 있는 콘셉트이라고 생각합니다.

하지만 여러분은 이 캠페인이 낯설겁니다. 맞습니다. 이 뒷이야기를 말씀드리면 안타깝게도 이 아이디어는 피어나지 못했습니다. 캠페인을 하고자 원하시는 관계자들분께서 시기상 좀 늦었다고 판단했다는 후일담을 들었습니다. 시장에 출시되지 못해 사람들의 평가를 받지 못한 아이디어였지만, 전 국민에게 포항 지진의 참상과 함께 대한민국도 지진 안전지대가 아니라는 경각심을 불러일으킬 수 있는, 본질에 기반한 효과적인 메시지였다고 생각합니다.

천재들이 창의성을 이야기하면서 만나지 않은 두 개의 만남을 이야기할 때, 우리가 먼저 해야 할 일은 본질을 찾는 것입니다. 본질을 규정하면 존재 이유가 생기고 찾은 존재 이유 위에 메시지를 붙이면 되는 것이기 때문입니다. 천재는 아니지만 이 순서를 따르면 우리도 할 수 있습니다. 창의력 대신에 본질을 먼저 생각하십시오. 그것이 시작입니다.

이제 어떻게 하면 본질을 찾을 수 있는지, 본질 찾는 방법 세 가지에 대해서 알아봅니다.

### • 의구심으로 자세히 쪼개서 보기

여러분은 눈앞에서 일어나는 현상을 어떻게 보시나요? 저는 하나씩 자세히 쪼개서 보는 편입니다. 쪼개서 보는 것이 어떤 행위인지 잘 모르시겠다면 질문을 이렇게 바꾸겠습니다.

'여러분은 얼마나 많은 질문을 하십니까?'

제가 얼마 전에 읽은 기사입니다. 이 글을 보시고 수정할 곳을 찾아보십시오. 그러고 나서 자세히 쪼개서 본다는 것이 질문과 어떤 관계가 있는지 말씀드리겠습니다.

'사람들은 피곤할수록 결정을 미룬다고 합니다. 그래서 오전이 뭔가를 결정하기 좋은 타임이라고 하는데요, 중요한 결정은 되도록 오전에 내려 보는 것으로 삶의 패턴을 변경해 보는 것은 어떠신지요.'

위 글에서 오류라고 생각되시는 것을 찾으셨나요? 저는 하나의 오류를 찾았습니다. 바로 '오전의 본질'입니다. 이 글에서 오전은 피곤하지 않은 시간이라는 것을 가정으로 이야기를 하고 있습니다. 그런데 오전이 피곤하지 않은 이유는 잠을 푹 자고 일어난 다음이기 때문입니다. 오전이라고 다 똑같은 오전이 아닙니다. 잠을 푹 자지 못한, 밤을 새우고 맞은 오전은 이 기사가 이야기하는 오전의 범위에 들지 않습니다. 읽는 사람이 오해할 소지가 있는 것입니다. 여기서 중요한 것은 오전의 본질이 크로노스의 시간이 아니라 잠을 푹 자고 일어난 후의 시간이라는 것입니다. 그 시간을 지금 이 글에서는 오전이라는 단어가 대변하고 있는 것입니다. 그래서 잠을 푹 잤다는 선결 조건이 없는 오전은 이 글에서 이야기 하는 오전과는 차이가 있습니다. 그래서 이렇게 쓰는 것이 좀 더 정확하다고 생각합니다.

'사람들은 피곤할수록 결정을 미룬다고 합니다. 그래서 잠을 푹 자고 난 후가 뭔가를 결정하기 좋은 타임이라고 하는데요, 중요한 결정은 되도록 잠을 푹 자고 난 다음에 내려 보는 것으로 삶의 패턴을 변경해 보는 것은 어떠신지요.'

만약 강연 같은 데서 이 이야기를 들었으면 저는 아마 질문했을 것입니다. 오전의 의미가 정확히 무엇이냐고요. 이처럼 모든 것을 쪼개서 보고 질문을 하게 되면 서로 간의 관계를 더 정확하게 파악할 수 있습니다. 본질을 찾는 방법을 연마하기 위해서는 아무리 당연한 것이라도 의구심을 품고 세상에 왜(why)라는 질문을 던져야 합니다. 왜라는 질문이 중요한 이유는 이것이 바로 천재들의 생각 출발점, '기존 질서 거부하고 새로 보기', 반발력(Resistance)이기 때문입니다. 그런 맥락에서 질문을 하고 맥락을 생각하고 올바른 정보를 찾기 위한 노력은 본질을 찾는 데 도움이 됩니다. 그리고 질문을 하십시오. 질문과 대답, 생각을 이어 붙이세요.

제가 추천하는 본질을 찾기 위한 두 번째 방법은 질문을 통한 래더링(Laddering)입니다.

### • 질문과 래더링

래더(Ladder)는 사다리를 의미합니다. 사다리를 타고 올라가듯이 더 이상 답변이 나오지 않을 때까지 계속해서 '왜'라는 질문을 하는 것이지요. 그렇게 되면 우리가 한 행동이 어떤 이유로 한 것인지 가장 뒤쪽에 숨겨져 있는 의도를 찾을 수 있기 때문입니다. 예를 들어 보겠습니다. 몇 년 전에 연금보험 광고마케팅을 담당한 적이 있었습니다. 그때 제가 풀어야 할 숙제는 연금보험 가입률을 높이는 것이었습니다. 시장 조사를 하기 위해서 소비자 심층 인터뷰를 진행했는데, 그때 아주 흥미로운 소비자 인사이트를 찾았습니다.

다음은 제가 질문한 내용을 이해하기 쉽게 축약한 대화입니다.

**질문) 연금 보험에 가입하셨나요?**

답변) 아니요, 아직 안 했습니다.

**질문) 왜 아직까지 하지 않으셨는지요?**

답변) 그것까지 하기에는 여력이 없네요.

**질문) 왜 여력이 없다고 말씀하시나요?**

답변) 우선순위가 있잖아요.

**질문) 어떤 우선 순위가 있지요?**

답변) 생활비는 똑같은데 아이들 학원비가 먼저죠.

**질문) 왜 학원비가 먼저죠?**

답변) 대학 가야지요, 좋은 대학.

***질문) 왜 좋은 대학에 가야 하지요?***

*답변) 자식이 잘되면 좋으니까요.*

***질문) 자식이 잘되면 왜 좋지요?***

*답변) 부모도 이제 자식에게서 독립해야죠.*

***질문) 왜 독립해야 하지요?***

*답변) 아이들 뒤치다꺼리 안 하고 편히 살려구요.*

부모들이 자신의 노후를 위한 노후 대비용 보험보다 현재 아이들의 학원비가 더 중요하다고 이야기하는 것의 본질은, 노년기에 아이들로부터 독립해서 편히 살고 싶은 마음 때문이었습니다. 그런데 연금보험 역시 노후에 아이들 도움 없이 편히 살기 위한 보험이라고 판매하고 있습니다. 결국 아이들 학원비와 연금보험은 같은 맥락 안에 있었던 것입니다. 이런 이유로 늙어서 자식에게

손 벌리지 않으려면, 지금 다 주지 말고 부모들 것은 따로 준비해야 한다는 연금 보험 메시지가 설득력이 없었던 것은 아닐까 하는 생각을 했습니다.

물론 이 주장에 동의하지 않으시는 분들도 계시겠지만, 우리 부모들의 마음속 저 끝에는 자식으로부터 독립하는 방법 중 하나가 (1) 나를 위한 연금가입 그리고 또 하나가 (2) 자식투자, 이렇게 두 개가 존재하고 있는 것입니다. 이 두 가지 옵션 중 많은 사람들이 연금보험 가입을 미루는 것은 자식 투자라는 덜 이기적으로 보이면서 같은 결과를 갖고 올 수 있는 옵션을 선택하는 것이 아닐까 생각해 볼 수 있는 것입니다. 만약 그렇다면 앞으로의 연금 보험 메시지는 여기서 찾은 본질을 바탕으로 연금보험에 대한 존재 이유를 다시 규정하여 창의적인 아이디어로 재탄생시켜 새로운 고정관념을 만들어야 하겠지요. 이것이 '래더링을 이용한 본질 찾기'였습니다.

• 소비자 선택 모형을 통한 구조화

본질을 찾는 다른 방법을 예로 들어 보겠습니다.

얼마 전 신문 주말 섹션에 춤꾼 약사라는 주제로 신문 반 페이지 정도를 할애한 기사가 나왔습니다. 사진까지 나온 인터뷰 기사이니 기획기사였던 것 같습니다. 그런데 제가 그 기사를 보면서 생각했던 것은 세상에 춤꾼은 많은데 왜 이 사람일까였습니다. 스토리를 읽어 보니 '공부하다 늦게 춤을 추기 시작해서 유튜브 스타가 되었고 상도 받았다. 또 주중엔 약사로 일하고 주말에 춤 춘다' 라는 인간 성공 스토리였습니다.

여러분은 왜 이 사람이 주요 일간지 주말섹션 한 편을 장식하는 소재가 될 수 있었다고 생각하시는지요? 네, 맞습니다. 이 사람이 바로 약사이기 때문입니다. 세상에 춤꾼은 많지만 약사 춤꾼은 이 사람 밖에 없는 것이지요.

마케팅에서는 이런 의사결정 과정을 선택모형으로 설명하고 있습니다. 소비자가 어떤 선택을 하는 경우, 공통 속성을 제외하고 남은 특성 중 독특한 특성을 선택하는 경향이 높다는 것입니다. 제가 담당하고 있는 경기도 연천군 관광산업의 경우를 보면, 여행자들이 연천군을 여행지로 선택하기 위해서는 다른 여행지가 갖고 있는 공통적 특성, 예를 들면 둘레길, 향토음식 등은 제외하고 남은 연천군의 관광 특성 중 타 여행지가 갖고 있지 않은 독특한 특성을 보고 최종 선택한다는 것입니다. 그렇다면 연천군이 할 일은 연천군만이 갖고 있는 독특하고 좋은 특성을 어떻게 구조화시켜 연천군의 관광 본질로 만들 것인가. 이것이 시작입니다.

소비자에게 선택받는 본질을 갖고 싶으십니까? 제품·서비스의 공통적 특성은 제외하고 남은 특성 중 독특한 특성을 찾아 구조화시키십시오. 이것이 효과적인 본질이 될 것입니다.

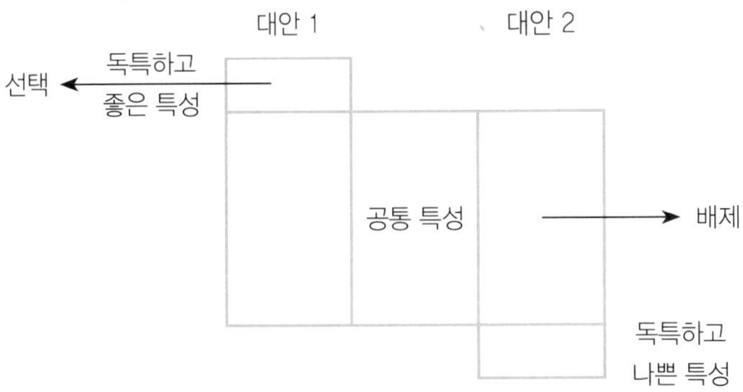


Source. 신병철(2017). 논백경쟁전략 재인용.

**본질 찾는 3가지 방법**

① 의구심으로 자세히 쪼개서 보기

② 질문과 래더링

③ 소비자 선택 모형을 통한 구조화

아, 하나만 더 말씀드리겠습니다. 오해하지 마십시오. 본질은 고정된 것이 아닙니다. 어떤 관점으로 현상을 보느냐에 따라 본질은 변할 수 있습니다. 의사의 본질이 치료일 수도 있고 희망일 수도 있는 것처럼 말입니다. 깃발이 바람에 펄럭입니다. 깃발이 움직이는 걸까요 아니면 바람이 움직이는 걸까요?

## 고정관념 대신에 존재 이유

고정관념은 인지적 구두쇠인 뇌가 일하는 방법입니다. 습관적 소비도 이런 고정관념에서 출발합니다. 짧은 사고 시간과 제한된 기존 정보만을 활용하여 순식간에 내리는 결정이기 때문입니다. 대니얼 카너먼(Danial Kaneman)이 이야기하는 시스템 1이 작동한 것이지요. 천재들은 기존의 고정관념을 파괴하여 제품의 새로운 연상을 찾아내고, 그것을 활용한 전략을 짜라고 이야기합니다. 하지만 기존 고정관념을 파괴하는 것도 어려운데 새로운 연상까지 찾는 것은 쉽지 않은 일입니다. 그래서 여기 좀 더 간편한 방법을 소개합니다. 존재 이유 찾기가 그것입니다. 존재 이유 찾기는 요즘 유행하는 '나다움'과 동일합니다. 여러분의 '나다움'은 무엇입니까?

그것을 찾을 수 있으면 존재 이유도 찾을 수 있습니다.

그럼 먼저 존재 이유가 무엇인지부터 보겠습니다. 존재 이유란 나만이 갖고 있는 가치를 의미합니다. 이 가치는 다른 브랜드들도 주장할 수 있지만 그 안에 차별화된 나만의 콘셉트가 들어 있어야 합니다. 아웃도어 브랜드인 파타고니아와 노스페이스는 둘 다 환경에 대한 가치를 추구합니다. 하지만 관여 수준이나 방향성, 그리고 환경에 대해서 브랜드가 이야기하는 방법은 조금씩 다릅니다.

이처럼 모든 제품은 존재 이유가 있으며 존재 이유는 시장에서 나만의 영역을 제공해 줍니다. 제가 이해하는 스포츠 브랜드 나이키의 존재 이유는 승리와 프로페셔널리즘입니다. 하지만 아디다스는 자신과의 경쟁에 더 초점을 맞춘 것 같습니다. 그들의 캠페인 슬로건인 불가능은 없다(Impossible is possible)를 보면 말이지요. 저는 아디다스의 존재 이유를 Authentic Athlete(운동 그 자체)으로 해석합니다. BMW는 운전하는 즐거움과 퍼포먼스(Performance)지만 벤츠의 존재 이유는 럭셔리와 프레스티지(Prestige)입니다.

그렇다면 의사의 존재 이유는 무엇일까요? 치료일 수도 있지만 저는 희망이라고 생각합니다. 삶에 대한 희망을 주는 의사에게 치료받고 싶기 때문입니다. 치료가 아니라 희망이라고 존재 이유를 정리한 의사는 병원에 치료를 위한 장비는 물론 환자에게 희망을 줄 수 있는 치료 이외의 것들도 병원에 설치할 수 있습니다. 그렇게 되면 그 병원이 치료는 물론 희망까지 판다는 것을 알 수 있게 되고, 치료가 아닌 희망에서 출발한 새로운 고정관념 만들기도 가능합니다. 이처럼 존재 이유는 치료와 같은 기능적 차원도 존재하지만 희망과 같은 심리적

차원도 존재합니다. 개념적 확장이 가능한 것이지요. 스포츠 브랜드 역시 타인과의 경쟁에서 승리를 주장하는 브랜드와 나와의 경쟁에서 승리하는 것을 파는 브랜드와의 존재 이유는 다를 수밖에 없습니다. 이것에 기반을 둔 고정관념 역시 차이가 날 것 입니다.

이처럼 존재 이유는 일종의 포지셔닝 전략과 비슷합니다. 나는 있지만 경쟁사는 없고 소비자가 좋아해야 효과적인 포지셔닝이 만들어 집니다. 존재 이유도 마찬가지 입니다. 경쟁 브랜드와 동일한 존재 이유는 시장에서 생존하기 어렵습니다. 물론 2위 브랜드로서 선도 브랜드의 아류로 안전하게 가는 것도 가능합니다. 하지만 자세히 보면 2위 브랜드 역시 자신만의 존재 이유는 갖고 있습니다. 모기잡는 에프킬러는 강력한 살충효과를, 홈키파는 안전한 성분 이라는 다른 존재 이유를 가지고 있는 것처럼 말입니다.

### 효과적인 존재 이유의 조건

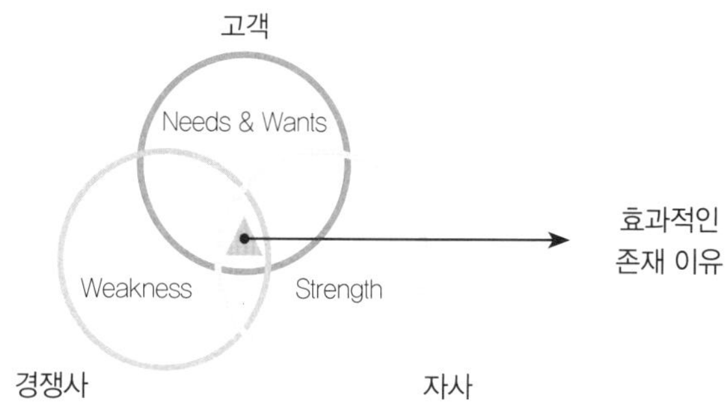


효과적인 존재 이유란

나에게만 있고 경쟁사에 없으며 소비자가 원하는 것!

문제는 어떻게 브랜드의 존재 이유를 찾을 수 있을까 하는 것 입니다. 천재들은 한번 보면 직관으로 알 수 있다고 하지만 우리들은 존재 이유를 찾기 위한 도구가 필요합니다. 이제 그 도구인 '상황분석' 과, 이를 통해 '기회요인' 을 찾고 그것을 존재 이유로 만드는 방법에 대해 이야기 하겠습니다.

· 상황분석

존재 이유를 찾을 수 있게 해 주는 프로세스, 상황분석입니다. 상황분석은 시장과 소비자의 문제요인과 기회요인을 찾아내기 위해 실행합니다. 상황분석은 크게 4가지 요소로 구성됩니다. 첫 번째가 자사분석, 두 번째가 경쟁사 분석, 세 번째가 소비자 분석, 그리고 네 번째가 환경 분석입니다.

자사 분석과 경쟁사 분석은 일반적으로 제품 관련시

장 분석과 같이 진행합니다. 예를 들어, 회사의 비젼, 경쟁사와 자사 제품의 물질적인 비교, 브랜드 이미지, 제품의 역사, 인지도, 점유율, 경쟁적 우위점, 유통상황, 광고메시지등을 소재로 비교 분석할 수 있습니다.

소비자 분석의 경우, 예를 들면 논콜라 탄산음료인 칠성사이다와 스프라이트의 소비자 인식상의 차이점을 알아보는, '브랜드 소비자 인식 및 U&A 조사'(U & A: Usage & Attitude)가 가장 일반적인 분석 방법입니다. 이와 함께 세대별 다름을 볼 수 있는 소비자 라이프 스타일 조사와 SNS 대중화로 인한 문화적, 사회적, 개인적 심리가 구매에 어떤 영향을 미치는지 등을 볼 수 있는 조사도 가능합니다. 우리는 이를 바탕으로 소비자 인사이트, 통찰을 찾아내는 것입니다.

환경분석은 일반적으로 지금 사회에서 유행하고 있

## 상황분석 구성요소

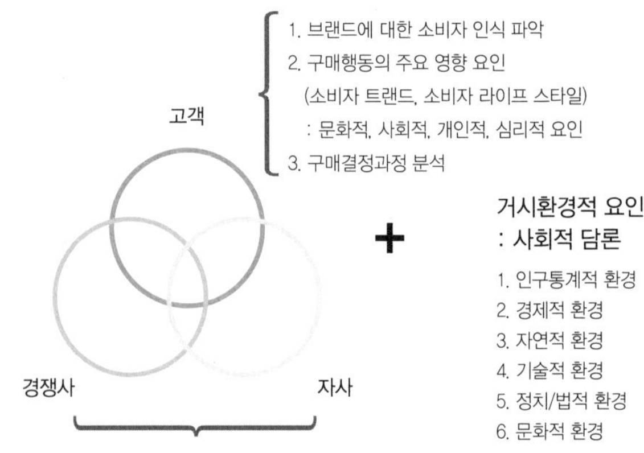


제품관련 시장 분석과 경쟁 및 자사분석으로 이루어진다.
: 회사의 비젼, 브랜드, 제품의 역사 및 브랜드 이미지, 인지도, 점유율, 경쟁적 우위점, 유통, 집행광고, 매체비, 가격, 전체적인 시장 상황, 프로모션 등

는 심리에 대한 분석입니다. 가장 고전적인 예가 불황기에는 남성복 시장이 침체한다는 연구결과입니다. 요즘 같은 경우는 불평등에 대한 이야기가 많이 나오는데 이것을 활용해 브랜드의 존재 이유를 만드는 기초로 쓸 수도 있습니다. 상황분석에 대한 좀더 자세한 내용을 알고 싶다면 제 첫번째 책인 '잘팔리는 기획의 본질-매체창의성에서 코즈마케팅까지'의 2장 기획의 방법론을 참조하세요.

## 상황분석(process)

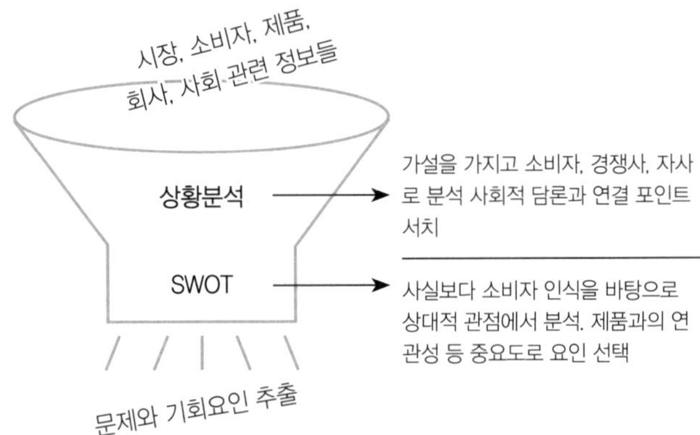

• 문제와 기회요인

상황분석을 통해 위의 네 가지 요소(자사, 경쟁사, 소비자, 환경분석)를 정리했다면 이제는 이 자료들을 분류해서 문제와 기회요인으로 축약해야 합니다. 예를 들어, 저희가 진행한 외국계 엔진오일의 문제요인은 가격이 일반오일보다 더 비싸다는 것입니다. 하지만 상황분석을 통해서 저희가 찾은 기회요인은 비싼 오일이 차에 더 좋을 것 같다는 자동차 관여자들의 인사이트였습니다. 그래서 '고급차를 위한 엔진오일'이라는 합성엔진오일1의 존재 이유가 담긴 메시지를 추출할 수 있었던 것입니다. 물론 사장님은 이런 프로세스가 머릿속에서 직관적으로 이루어졌지만 말입니다.

### 건강은 건국, 건국대학교 병원

2017년 제가 제안한 건국대학교 병원의 브랜드 콘셉

트입니다. 사실 정확히 말하면 광고 카피라이터가 꿈인 저희 아들이 저와 같이 머리를 맞대고 낸 아이디어이기도 합니다. 저희 기획의도를 듣고 아들이 이야기한 오리지널 아이디어는 '건강을 건국하다, 건국대학교 병원'이었습니다. 이것을 광고로 제작하면서 '건강은 건국, 건국대학교 병원'으로 수정한 것입니다.

제가 건강을 병원의 콘셉트로 잡은 이유는 건국대 병원이 소위 말하는 빅 5 병원이 아니기 때문입니다. 대부분의 환자들은 아플 때 서울대 병원 같은 빅 5 병원을 먼저 떠올립니다. 그래서 사람들이 일단 아프기 시작한 다음에는 건국대학교 병원이 사람들의 인식 속에 들어갈 자리가 크지 않다고 생각했습니다. 상황분석 후 찾은 문제요인이였습니다. 하지만 아프기 전이라면 건국대 병원이 사람들의 인식상에 들어갈 자리가 있을 것이라고 판단했고 이것을 기회요인을 삼기로 했습니다. 이런 이유로 건강할 때 사람들의 인식 속에 건국대학교 병원을

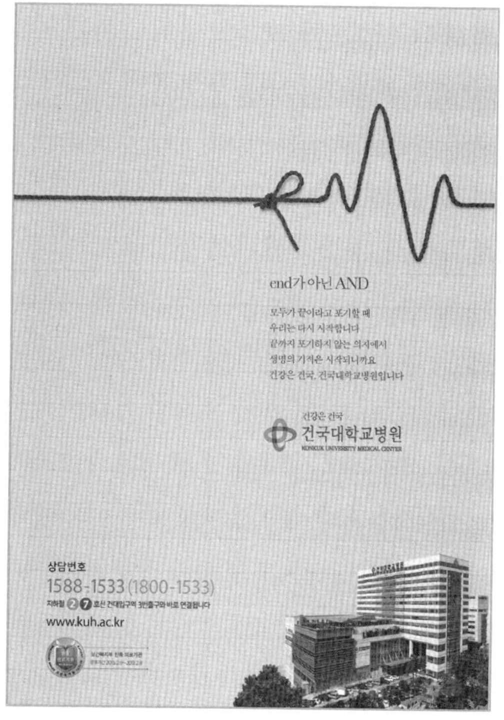


End 가 아닌 And, 건강은 건국, 건국대학교 병원

넣자는 생각을 하게 된 것입니다.

건국대학교 병원은 아프기 전과 그 이후 단계인 건강이라는 화두를 선점함으로써 새로운 도약을 하였습니다. 대장암 전문의 황대용 박사님이 원장님으로 부임하면서 모토로 내건 건국대학교 병원의 존재 이유인 '건강'이 환자들에게 치료는 물론 그 이후 건강까지 담보해 준다는, 병원 자존심에 대한 의미가 내포되어 있었기 때문입니다. 또한 내부적으로는 '건강한 의료진에 의한 건강한 의료 서비스'라는 개념을 통해 병원 직원들의 아이덴티티 확립에 도움을 주었기 때문입니다. 특히 '건강은 건국'이라는 단어는 교육으로 나라를 건국한다는 초대 이사장님의 이상이 담긴 건국이라는 브랜드명과도 잘 어울렸는지, 병원 광고를 보고 대학에서 저희에게 연락이 올 정도로 반향이 컸던 메시지였습니다.

2006년에 개장한 경기영어마을 파주캠프는 단순히

영어를 가르치는 기관이 아니라 문화, 사회적 가치까지 가르치는 공교육 기관으로서 역할을 해야 한다고 생각했습니다. 이를 위해 저희 팀은 영어마을에서 진행하는 거의 모든 교육 프로그램을 참관하였으며, 영어마을 교육팀과 외국인 교사들과의 인터뷰를 거쳐 영어마을의 콘셉트를 기존의 주입식 교육이 아닌 체험식 교육을 실행하는 '새로운 공교육 시스템'으로 선정하였습니다. 개인적으로 미국에서 공부한 경험이 있는 저는 파주캠프의 교육 프로그램을 참관하고 영어마을 교육 시스템이 참여와 토론을 위주로 하는 미국 학교 프로그램과 유사하다는 생각을 했습니다.

### *교육이 바뀌면 대한민국이 바뀐다. 경기영어마을 파주 캠프*

그리고 이런 시스템이 우리 나라의 공교육을 살릴 수 있을 것이라고 판단했습니다. 파주 영어 캠프는 단순히 영어를 가르치는 곳이 아니라, 미래의 공교육 시스템을 시험해 볼 수 있는 리트머스 시험지 역할을 해야 한다는 믿음을 갖게 된 것이지요. 교육이 대한민국을 바꿀 수 있다고 믿었기 때문이었습니다.

하지만 한 가지 아쉬운 것은 지금의 파주캠프는 처음 저희가 제안했던 브랜드콘셉트를 사용하고 있지 않다는 것입니다. 안타까운 일입니다. 그럼에도 불구하고, 경기영어마을 파주캠프의 '미래를 위한 새로운 공교육'은 영어마을 파주캠프만이 갖고 있는 '나 다움', 바로 존재 이유였습니다. 결국 제품에서 추출한 아이디어로 존재 이유를 찾은 것입니다. 천재는 이 모든 것을 직관으로 알 수 있지만 우리는 상품을 끌로 파는 노력을 통해서 존재 이유를 찾고 새롭게 규정할 수 있었습니다. 흥미로운 것은 존재 이유를 찾으면 고정관념을 새로 만들 수 있다는 것입니다. 마치 본질을 찾으면 창의성을 발휘할 수 있는 것처럼 말입니다.

얼마 전 수업시간에 광고제작 케이스를 이야기하다가 크레오신 T 라는 여드름 치료 브랜드에 대한 이야기가 나왔습니다. 그 브랜드 리런칭을 저희 팀에서 했다고 하니 학생들이 놀라더군요. 저는 학생들이 그 브랜드를 알고 있다는 것에 더 놀랐고 광고인으로 자랑스러웠습니다.

***'여드름엔 톡톡 (Tok Tok), 크레오신 T'***

위는 크레오신 T의 헤드 카피입니다. 이 카피는 제품 특징을 잡아서 만든 것입니다. 그 당시 다른 여드름 치료 제품들은 튜브 형태로 짜서 바르는 것이었는데 크레오신 T만 플라스틱 용기 스타일에, 용기 입구에 물파스처럼 둥근 구슬이 있어 얼굴에 직접 바르는 형태였습니다. 저희는 여러 회의를 거친 후에 직접 바를 수 있는 기능을 가진 우리 제품만의 USP(Unique Selling

Proposition)를 소구하는 것으로 결론 내렸습니다. 이것이 바르는 모습을 표현한 메시지인 '톡톡'으로 잡은 이유이며, 브랜드 이름에 들어가는 알파벳 T를 강조하는 방법으로 영어로 톡톡(Tok, Tok)을 쓰기로 한 것입니다.

크레오신 T의 시장 반응은 좋았고, '톡톡'이라는 콘셉트도 타겟들에게 회자되는 등 성공적으로 캠페인을 진행하였습니다. 또한 버스 하차를 위한 뒷문이 슬라이딩 도어라는 것에 착안해 문 왼쪽에는 제품을 그리고 오른쪽에는 여드름 난 얼굴을 그린 버스 광고도 만들었습니다. 버스 문이 닫히면 크레오신 T가 여드름 난 얼굴에 닿는 상황을 연출한 것으로 매체의 특성을 활용한 전략적 광고였다고 생각합니다.

크레오신 T 메시지가 '톡톡'이라는 행위를 표현하는 것으로 된 이유는 바로 바르는 행위 '톡톡'이 제품 패키지에서 오는 크레오신 T 만의 존재 이유라고 생각했기 때문입니다. 경쟁사를 통한 효과나 원료의 차별화가 아닌 크레오신 T만의 '나 다움', 존재 이유를 강조한 것입니다. 그리고 이제 '톡톡'은 여드름 치료 시장의 고정관념이 되었고, 크레오신 T만의 존재 이유가 되어 약국에서 '톡톡 주세요'라는 셀링 메시지로 20년이 지난 지금도 학생들이 사용하고 기억하는 브랜드가 될 수 있었던 것이라고 생각합니다. 제품을 여드름에 바르는 모양을 존재 이유로 삼고 그 위에 '톡톡'이라는 창의적인 언어를 만들었던, 그때 같이 일했던 우리 팀이 보고 싶습니다.

## 그리고 다시, 새로운 고정 관념

광고마케팅에서 고정관념은 꼭 필요합니다. 생각해 보십시오. 당신의 브랜드가 젊음이라는 고정관념을 갖고 있는 브랜드라면 젊음과 관계된 모든 연상은 당신 브랜드가 소유하게 될 것입니다. 이를 통해 브랜드 파워가 강해지면 인지도가 상승하고 그 결과는 브랜드 자산 강화로 이어져 기업에 안정적인 수익을 가져다주게 됩니

**광고커뮤니케이션 목적**

① 소비자의 브랜드 충성도를 높여
② 브랜드자산가치를 상승시키고
③ 이를 통해 시장에서 확고한 시장 지위를 확보하고
④ 기업의 장기적인 성장과 수익성을 갖고 오기 위함이다.

다. 즉, 광고를 하지 않아도 사람들이 알아서 정기적으로 구매하는 브랜드가 되는 것입니다.

이런 고정관념은 존재 이유를 찾는 것에서 출발합니다. 제품의 본질을 찾고 농업적 근면성을 바탕으로 하는 제품 공부에 의한 존재 이유 규정과 이를 통한 새로운 고정관념 추출은 제게 The Magic is in the product(제품 속에 해답이 있다)이라고 하는 광고대행사 DDB 철학의 위대함을 다시 한번 생각나게 해 주었습니다. 저는 지금도 아이디어의 출발점을 제품에서 시작하고 있습니다. 그리고 거기서 찾은 제품의 본질과 존재 이유를 소비자 욕망과 만나게 하여 새로운 고정관념을 만들어 내는 브랜드 콘셉트 메이커라는 직업을 힘들지만 즐기고 있습니다. 여러분들도 천재는 아니지만 본질과 존재 이유를 찾고 다른 관점으로 규정해 낼 수 있으면 새로운 고정관념을 만들어 낼 수 있습니다.

이제 천재 따라잡기 공부법을 5개의 프로세스로 정리하겠습니다.

① 쪼개고, 질문하고, 찾은 특이속성을 구조화시켜 본질을 찾아라
② 제품의 상황분석으로 위협과 기회요인을 찾아라
③ 찾은 위협과 기회에서 존재 이유를 만들어라
④ 존재 이유를 한 번도 만난 적 없는 소비자 욕망과 연결하라
⑤ 그리고 그곳에서 새로운 고정관념을 추출하라

그럼 요즘에 온에어 되는 광고 중 제가 제일 좋아하는 광고인 '직방, 실거래가' 편을 예를 들어 천재 따라 하기 공부법 프로세스를 정리해 보겠습니다. 참고로 제가 이 광고를 좋아하는 이유는 모델로 나온 이정은님의 연기와 카피 때문입니다. 특히 '아휴, 시세 잘 모르시는구나~'라는 이정은 배우님의 독백 연기는 이 광고의 백미입니다.

광고의 카피는 다음과 같습니다.

모델1) ***우리 아파트가 비싸다구요?***

***5억이면 싼거여요… 아휴, 시세 잘 모르시는구나***

NA) ***아파트 시세가 궁금할 때, 직방으로***

***아파트 실거래가를 한눈에 바로 보다***

모델2) ***실거래가 여기 다 있네***

NA) ***직방***

위 광고만으로 본 직방의 업의 본질은 정직한 부동산 정보 제공 앱입니다. 이것은 정보 불평등을 해소한 직방만의 특이속성을 구조화한 것입니다

상황분석으로 찾은 문제요인은 '소비자는 실거래가를 모른다, 제공하는 부동산 없다'입니다. 기회요인은 직방이 실거래가를 제공하는 유일한 앱이라는 것입니다.

존재 이유는 실거래가 등 정확한(투명한) 부동산 정보 제공입니다. 고정 관념은 신뢰, 믿음이라고 생각합니다.

| 업의 본질 | 문제/기회요인 | 존재 이유 | 고정관념 |
|---|---|---|---|
| 정직한 부동산 정보 제공 앱 | 소비자들은 아파트 실거래가를 모른다 | 부동산 구매자에게 아파트 실거래가 제공 | 믿을 수 있는 |

부동산 시장에서 중요한 요소가 신뢰인지 아니면 빠른 정보파악인지 아니면 매수인과 매도인 사이의 요구를 중재하는 거래 능력인지 잘 모르겠습니다. 하지만 이 광고를 보면 직방은 신뢰를 선택한 것 같습니다. 아파트 실거래가와 같은 제한된 부동산 정보를 공개함으로써 투명한 거래가 가능하게 만들어 시장의 신뢰를 조성하고 직방은 믿을 수 있는 부동산 앱이라는 고정관념을 활용하여 시장에서 승부하는 전략이라고 볼 수 있습니다.

말씀드린 것처럼 고정관념은 마케팅에서 가장 중요한 개념입니다. 브랜드에 고정관념이 없으면 소비자들의 선택을 받지 못하기 때문입니다. 천재들은 직관을 활용하여 존재 이유를 찾고 고정관념을 만들어 냅니다. 하지만 우리도 상황분석을 통해 존재 이유를 찾고, 그렇게 찾은 존재 이유를 통해 새로운 고정관념 만들기에 도전할 수 있습니다. 창의성에서 이미 말씀드렸지요? 천재는 직관이지만 일반인은 노력이 필수입니다. 상황분석 역시 자료 수집과 분석이라는 노력이 필요합니다. 당신이 천재가 아니시라면, 농업적 근면성, 잊지 마시기 바랍니다.

그리고 이쯤에서 아주 중요한 보충 설명 하나 들어가겠습니다. 바로 천재들의 모든 생각 출발점이 되는 습관 이야기입니다. 바로 이 습관에 의해 본질과 존재 이유 그리고 새로운 고정관념 만들기가 가능해지기 때문입니다.

자동차 엔진오일 브랜드의 마케팅 커뮤니케이션 전략은 엔진오일에서 벗어나 자동차에서 시작되었습니다. 아침햇살도 쌀음료에서 벗어나 일반음료로 가겠다는 것이 저희 기본 전략이었고, 부천종합터미널 소풍 역시 기존의 브랜드 네이밍 트렌드와 반대로 갔고 창의성에 대한 정의 역시 만나지 않은 것들의 만남이라는 기존에 없던 새로운 시도로 창발됩니다. 광고마케팅은 왜 항상 싸워야 하는지에 대한 의구심으로 튀기지 않은 감자칩을 들었고 석유냄새가 살충력의 기준이 되는 시장에서 냄새없는 살충제로 승부수를 던졌으며 프렌젠터가 피티하는 경쟁피티에서 프레젠터 없는 피티로 승리했습니다. 신용카드는 쓰는 것이 아니라 모으는 것이며 은행은 돈을 맡기는 곳이 아니라 인생을 술술 풀리게 해주는 곳이 되었습니다. 이처럼 천재들이 참여한 모든 광고마케팅 캠페인은 기존의 질서나 법칙에서 벗어난 곳에서부터 시작했습니다.

천재들과 오랜 시간 같이 일해 오면서 제가 항상 갖고 있었던 의문점 하나가 바로 '왜 그들은 기존의 고정관념을 거부하는가'였습니다.

공교롭게도 제가 경험해 본 대부분의 천재들의 공통

점은 바로 과거에 해 왔던 방법을 거부하는 것에서 출발한다는 것입니다. 이분들은 항상 기존의 방법에 대해 의구심을 제기합니다. 그리고 이야기합니다. '이거 말고 더 나은 방법이 있을거야'라고 말이지요. 그리고 그 의구심에서 모든 것이 출발합니다. 기억하시나요? 천재들과 같이 일하면서 드는 첫 번째 생각이 바로 '도대체 무슨 말을 하는 거야'라고 말씀드렸던 것을요. 이유는 간단합니다. 그들은 우리가 알고 있던 기존의 질서에 반하는 생각을 전제로 삼고 이야기를 시작하기 때문입니다. 그래서 사람들은 그들의 첫마디부터 이해하기 어려운 것입니다. 내가 알고 있는 기존 세계관에서 출발한 이야기가 아니기 때문이지요. 이것은 다 그들의 독특한 '셀프질문' 습관 때문입니다. 기존 질서를 거부하는 그 셀프질문 습관, 저는 그 습관을 '반발력(Resistance)'이라고 부릅니다. 광고마케팅 천재들이 가지고 있는 가장 중요한 요소입니다.

## 직관 대신 육감

직관은 천재들이 갖고 있는 능력입니다. 그들은 직관을 사용해 소비자나 시장의 인사이트를 찾아냅니다. 말씀드린대로 우리는 상황분석을 통한 좀 많은 양의 자료조사를 통해 직관과 비슷한 결과를 도출할 수 있습니다. 천재들이 직관을 통해 진행한 몇 가지 캠페인을 추가로 소개시켜 드리려고 합니다. 그리고 천재들의 직관을 따라잡는 방법 역시 말씀드리도록 하겠습니다.

첫 번째 케이스는 제가 직접 진행한 것은 아니지만, 옆 팀의 성공 케이스 하나 말씀드리겠습니다. 제가 갖고 있는 자료를 바탕으로 분석한 설명입니다. 아래는 대림 e편한 세상 브랜드 광고 중 한 컷입니다. 이 광고는 같은 평수라도 넓게 보이는 것을 선호한다는 소비자 인사이트에 맞춰 제작된 광고입니다. 재미있는 점은 화살표를 사용해 같은 평수라도 e편한 세상 아파트는 더 넓게 보이는 공간 배치를 사용했다는 사실을 체감공간이라는 콘셉트로 표현하고 있습니다. 화살표 하나가 소비자 인사이트에서 발견한 아파트 공간에 대한 소비자 욕망을 해결한, '체감공간이 넓은 아파트'라는 것을 시각적으로 표현한 이미지입니다

같은 화살표 선이지만 양쪽 끝부분 화살 머리를 어떻게 처리하느냐에 따라 길이가 다르게 보일 수 있다는 이야기를 하고 있습니다. 어떻게 이런 생각을 할 수 있었을까요? 아마도 체감공간을 어떻게 다르게 느낄 수 있게 만들까에 대한 고민을 하다가 우연히 화살표를 보고 유레카를 외치면서 광고 메시지로 활용하신 것이 아닐까 생각합니다.

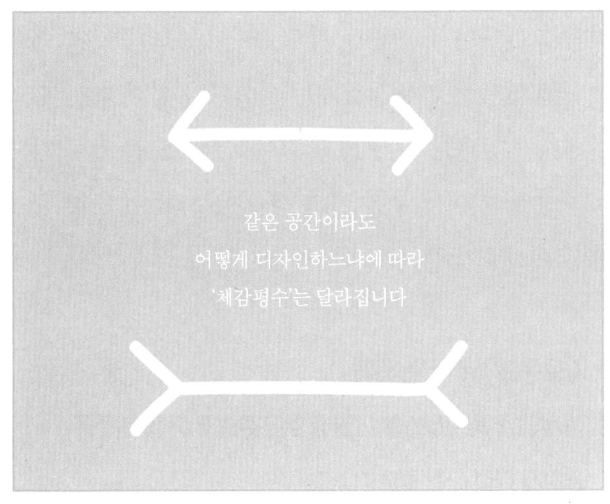


리앤디디비 대림산업 e편한 세상 브랜드 광고마케팅
경쟁 PT 제안서 스토리보드 中

가끔 보면 광고주 오리엔테이션을 듣고 회사로 오시면서 전략의 대부분을 정리하시는 분들이 있습니다. 화살표 아이디어도 아마 그렇지 않았을까 생각해 봅니다. 만약 그랬다면 참 대단한 것 같습니다. 그만큼 오리엔테이션에 집중하고 충실했다는 이야기가 되겠지요. 오리엔테이션 갔다가 차를 타고 회사로 돌아오는 길에 저도 사장님께 몇 번 질문을 받은 적이 있습니다. 첫 번째 질문은 거의 이렇습니다.

***저들은 왜 이걸 하는 걸까?***
***이게 그들 비지니스에 어떤 영향을 주길래 이 많은 돈을 들여서 이걸 하는 걸까?***

그러다가 이런 걸 물어봅니다. 예를 들면,

***체감공간이 넓다는 이야기가 뭘까?***

***어떻게 그걸 느끼게 해 줄 수 있을까?***

***화면으로 보여 주면 알 수 있을까?***

사실 질문을 하지만 거의 답을 갖고 있는 경우가 많습니다. 그런데 왜 질문을 하는 걸까요? 본인의 생각을 다 듣기 위해서입니다. 옆 사람과의 간단한 대화를 본인 생각의 정리 도구로 활용하는 것입니다. 그럴 때 제 역할은 묻는 질문에 대한 제 생각을 말하면 됩니다. 틀린 답이든 아니든 상관없습니다. 어차피 제 대답은 거의 듣지 않거든요. 그래도 답변은 짧고 간결하게 해야 합니다. 길게 주절 주절 이야기하면 '넌 뭐니?'하는 눈으로 쳐다보거든요.

이런 사람들의 직관은 참 무섭습니다. 나중에 보면 맞는 답이 되는 경우가 많습니다.

그린핑거키즈라는 키즈 전용 스킨케어 브랜드 런칭

캠페인을 담당할때였습니다. 저희 판단에 키즈 스킨케어 시장은 존재하지 않는 시장이어서 많은 고민을 했고, 저희는 베이비와 키즈의 차이점을 집안과 집밖으로 잡았습니다. 베이비는 집안에서 엄마랑 놀지만 키즈가 되면 밖에 나가 유아원에도 가고 놀이터도 가게 되기 때문입니다. 그래서 '아이가 밖에 나가게 되면 피부 관리도 달라야 한다'라는 것이 메인 소구점입니다. 밖에 나가다 보면 먼지, 햇빛 등 외부 환경에 노출되니 집에만 있을 때보다 더 많은 피부 보습 등이 필요하니까요. 그래서 밖에 나가는 시간이 많아지게 되면 베이비 제품이 아닌 키즈 제품을 따로 써야 한다는 논리였습니다.

그때 광고주 임원께서 갑자기 이런 말을 했습니다. 다 좋은데 패키지에 키즈의 나이를 표시하면 어떻겠냐는 말이었습니다. 처음에 저희는 뭐라 반응을 해야 할지 잘 몰랐습니다. 패키지에 나이표시가 들어가면 비주얼적인 측면에서 보기 좋지 않다는 의견과 스케줄상 어렵다는 의견 이외는 할 말이 없었습니다. 하지만 결국 그의 의견대로 패키지 전면에 4~10 살이라는 표시가, 그리고 TV 광고 엔딩컷에는 네 살부터 열 살까지라는 메시지가 삽입되었습니다.

그런데 이것이 정말 큰 효과를 갖고 왔습니다. 소비자들이 키즈가 몇 살인지 묻기 시작한 것입니다. 심지어 아이가 3살인데 쓸 수 있느냐는 문의까지 왔다고 하니 만약 키즈 나이를 패키지와 광고에서 밝히지 않았다면 큰 혼란이 왔을 것입니다. 그래서 나중에 그 사람에게 어떻게 그런 아이디어를 내셨는지 물었습니다. 그의 답은 소비자가 판단할 기준을 만들어 주어야 한다는 것이였습니다. 키즈의 나이를 밝히지 않으면 혼란이 올 것 같다는 판단을 직관적으로 하신 것입니다.

직관은 선천적인 부분이 더 많이 작용합니다. 특히 업의 특성상 광고마케팅을 하시는 분들 중에 직관을 갖고 계신 분들이 더 많다고 느껴집니다. 그런데 말입니다. 저같이 직관이 부족한 사람들은 어떻게 해야 하는 것일까요? 저도 잘 모르겠습니다. 그러다 보니 천재들과 일하면서 자괴감을 많이 느끼는 것이 사실입니다 그래서 저는 저 자신을 한번 분석해 보았습니다. 제가 갖고 있는 것은 무엇인가 하고요.

저를 살펴보니 그래도 능력 하나는 갖고 있는 것 같았습니다. 상대가 복잡하게 이야기해도 그것을 단순화시켜서 이해하고 정리하는 능력입니다. 그래서 그런지 감이 빠르다는 말을 많이 들었습니다. 아마도 제가 광고회사 기획팀에서 20년 넘게 일하다 보니 광고주가 무슨 말을 하려고 하는지 금방 알아들어야 하고, 또 복잡한 제품이나 시장 설명을 심플하게 정리해 업의 본질을 찾아야 하는 일이 기획이기 때문에 그런 것 아닌가 생각해 봅니다. 이런 제 능력은 일을 하면서 상황을 예측하거나 소비자 인사이트를 찾거나 그들을 이해하는 데 도움이 됩니다. 천재들이 하는 수준까지는 아니지만 어느 정도는 비슷한 능력을 발휘하는 때가 있다는 것입니다.

제 경우를 보면서 직관은 타고나는 것일 수 있지만, 오랜 경험과 지식이 만나면, 직관보다는 좀 느리지만, 어느 정도 직관스러운 단계로 발전해 나갈 수 있겠다는 생각을 하게 되었습니다. 천재들의 직관처럼 이성적 추론을 거치지 않고 현상의 본질을 바로 이해하는 정도는 아니지만, 누적된 전문지식과 사전 경험을 토대로 휴리스틱(Huristic)(시간이나 정보가 불충분하거나, 굳이 체계적이고 합리적인 판단을 할 필요가 없는 상황에서 신속하게 사용하는 어림짐작의 기술)처럼 무의식적이며 빠른 처리 속도로 현상의 본질을 찾을 수 있는, 그런 후천적 직관 능력 말입니다.

얼마 전에 저희 집 수도가 고장 났습니다. 배관 문제인 것 같아서 아파트 앞 수리 센터에 전화했습니다. 사장님은 아파트가 생긴 그 해부터 지금까지 그 자리에서 저희 아파트 모든 배관 문제를 해결했다고 합니다. 우리 아파트 배관의 형태 그리고 현재의 상태까지도 명확하게 알고 있는 것이지요. 그러다 보니 증상만 말하면 금방 문제를 해결해 줍니다. 수십 년의 노하우이지요. 우리는 그 노하우에 비용을 지불합니다. 그런데 말입니다. 그가 처음부터 그렇게 배관 전문가였을까요? 아닐겁니다. 수많은 실제 경험이 그를 배관 천재로 만들었을 것입니다. 후천적 천재라고 할 수 있겠지요. 저나 여러분도 마찬가지입니다. 세상에는 선천적 천재도 있지만 저희 집 앞 수리센터 사장님처럼 후천적 천재도 있습니다.

후천적 천재, 어떻습니까? 가능성이 좀 보이시나요?

다음 장에서는 후천적 천재가 되는 방법에 대한 이야기를 해 드리겠습니다. 정확히 말씀드리면 후천적 직관을 갖는 방법입니다. 제가 천재들과 일하면서 가장 부러웠던 능력인 직관을 연습을 통해서 약 80% 정도 따라잡는 이야기입니다. 천재들과 일하면서 느꼈던 허탈감을 여러분은 느끼지 않기를 바라면서, 후천적 직관을 키우는 방법론을 소개합니다.

### • 후천적 직관 갖기

직관이란 앞에서도 설명 한 것처럼, '사고의 과정을 거치지 않고 곧바로 알아내는 것으로 이성적 추론 없이 사물이나 현상의 본질을 이해하는 것'입니다. 사고의 과정을 거치지 않기 때문에 본능적으로 본질을 이해한다는 것입니다. 부럽습니다. 하지만 우리는 사고의 과정을 거치면서 그것을 매우 빠르게 처리하면 직관과 비슷한 결과를 만들어 낼 수 있을 것이라는 가정에서 이 이야기를 시작합니다. 저희 집 앞 수리센터 사장님 정도의 업무 경험치가 내재되어 있다면 말이지요.

제가 이런 생각을 하게 된 것은 신문 구석에 실린 두 건의 작은 과학 기사 때문이었습니다. 첫 번째 기사 내용은 이렇습니다. 자신의 차를 운전하다가 문득 '어, 오늘은 엔진소리가 평소와 좀 다른데?'라고 느끼거나, 편의점 주인이 손님을 살피다가 '저 손님 계속 두리번거리는데 혹시 물건을 슬쩍하는 거 아니야?'라는 예감이 불쑥 들 때가 있는데, 이런 것은 여러 번에 걸친 오랜 경험에서 나온다면서 이런 능력을 육감이라고 한다는 것입니다. 인간만이 할 수 있는 이런 육감을 이제 인공지능이 따라 할 수 있게 되었다는 것이 이 '인간의 감에 도전하는 인공지능'이라는 기사의 내용이었습니다.

두 번째 기사입니다. '미국 뉴욕 경찰국은 샷 스파터

(Shot Spotter)라는 인공지능 프로그램을 활용하여 범죄 가능성 예측할 수 있게 되었다. 기존 데이터만 충분하다면 어떤 조건에서 어떤 범죄가 어느 지역에서 몇 시에 발생했는지를 알 수 있기 때문에 기존 데이터 패턴 분석을 통해 미래에 범죄가 일어날 장소, 시간 등을 예측할 수 있게 되는 것'이라는 것이 기사의 내용이었습니다.

사실 이런 예측이 가능하게 된 것은 사건 분석에 활용할 대용량 데이터를 짧은 시간에 분석할 수 있는 시스템이 생겼기 때문입니다. 시스템, 즉 인간의 두뇌와 같이 자료를 모으고 비교 분석하고 그 결과를 저장하는 일을 하는 시스템의 발달로 여기까지 오게 된 것입니다. 그렇다면 우리도 우리가 갖고 있는 데이터의 분석을 통해 소비자 인사이트를 찾고 미래를 예측하는 일을 할 수 있지 않을까요? 마치 천재들이 직관을 활용해 인사이트를 찾고 결과를 예측하는 것처럼 말입니다. 네, 맞습니다. 바로 육감을 활용한 분석 및 결과 출력입니다.

인간이 AI 를 훈련시키는 것처럼 우리도 데이터의 습득, 분석, 활용이라는 훈련을 통해서 예측 능력인 육감을 키워 AI처럼 작동할 수 있다면 천재들의 직관 능력을 어느 수준까지는 따라 할 수 있다고 생각합니다. 왜냐하면 충분한 정보와 지식이 뇌에 축적되어 있으면 질문 입력 시 뇌 안에서 데이터가 자동적으로 처리되어 원하는 결과를 출력할 수 있기 때문입니다. 이와 같은 육감을 활용한 출력값은 수많은 정보의 축적과 매우 체계적인 사고 과정을 거친 값입니다. 천재들이 갖고 있는 선천적 능력인 직관이 없다면, 우리는 전문지식과 경험을 축적하여 직관과 비슷한 결과치를 출력할 수 있는 육감을 키우면 되는 것입니다. 이것이 제가 후천적 직관이라고 하는 육감입니다.

직관은 타고나지만 육감은 노력하면 키울 수 있습니

다. 육감을 키우면 천재들과 일하는 것이 조금은 더 즐거워집니다.

### • 육감 갖기의 기본, 자료수집

앞에서 설명 드린 것처럼 육감을 활용하기 위한 첫 번째 조건은 바로 뇌 속에 축적된 자료가 있어야 한다는 것입니다. 우리 인간의 데이터는 머릿속에 저장되어 있습니다. 어제 본 기사의 내용, 직장 선배에게 배운 일 처리 방법, 운전하면서 알게 된 새로운 길 등 우리는 하루에도 많은 양의 데이터를 수집하고 있습니다. 단지 이것을 모두 다 기억하지 못할 뿐입니다. 물론 무의식 속에 침잠해 있다가 불현듯 필요한 상황에서 인출되기도 하지만, 많은 데이터가 축적되지 않고 사라집니다. 많은 이유가 있겠지만 뇌에 입력하기 위해서는 데이터를 분류하고 정리하는 정보 전처리 작업이 필요한데 그렇게 하지 않는 우리의 게으름도 그 이유가 됩니다.

사실 랜덤포레스트(RandomForest) 같은 머신러닝 시스템은 'fit'이라는 명령어 하나로 돌아갑니다. 그런데 그 fit이라는 명령어를 실행하기 전에 꼭 해야 할 작업이 있습니다. 바로 데이터 전처리 작업입니다. 데이터는 우리가 필요한 모습으로 정형화되어 있지 않습니다. 그래서 필요한 값을 얻을 수 있도록 원래 상태의 데이터를 가공하는 작업이 필요합니다. 우리 인간도 마찬가지입니다. 뇌가 잘 저장할 수 있게 원래 상태의 데이터를 가공하는 전처리 작업이 필요한 것입니다.

저는 정보 습득을 위해 종이 신문 읽기로 아침을 시작합니다. 짧은 아침 시간이기에 자세히 보고 싶은 기사는 스마트폰 앱으로 기사를 찾아 제 메일로 보내 둡니다. 이렇게 보낸 기사는 시간 날 때마다 하나씩 꺼내서 읽어봅니다. 읽고 나서는 거의 모든 기사에 메모를 하고 제 분류 방식에 따라 다시 메모 앱에 저장합니다. 그래야 기억하기도, 또 나중에 찾기도 편하기 때문입니다. 나름

데이터 가공, 분류 및 정형화 작업을 하는 것입니다.

이렇게 쌓인 정보는 제가 처음 접하는 상황을 이해할 때 많은 도움이 됩니다. 저장된 정보는 필요에 따라 인출되고, 인출된 정보를 활용하여 목적에 맞는 최선의 예측을 할 수 있기 때문입니다. 머신러닝의 아웃풋도 데이터를 모으고 분석한 후 그 결과를 새로 들어온 데이터와 비교해서 결과를 예측하는 프로세스를 거칩니다. 우리도 정보를 읽고, 읽은 정보를 자신의 기준에 맞춰 분류하고 축적해 두어야 기존의 축적된 정보와 이렇게 새로 입력된 정보를 비교해서 예측값을 뽑을 수 있기 때문입니다.

육감을 키우기 위하여 정보를 모으고 분류하는 작업은 매우 중요한 프로세스입니다. 마치 빅데이터를 돌리기 전에 필요한 전처리 작업처럼 말이지요. 저는 머신러닝을 활용한 빅데이터 분석과, 전문 지식과 수많은 경험으로 무장한 전문가의 육감은, 비슷한 출력 프로세스를 갖는다고 생각합니다. 선천적으로 본질을 파악하는 직관을 갖고 있지 않다면, 머신러닝과 동일한 학습 방법으로 육감 키우는 연습을 해 보십시오. 선천적으로 타고나는 직관과 비슷한 판단을 내릴 수 있습니다.

육감을 키울 수 있는 방법을 다시 정리해 드리겠습니다.

```
In [22]: from sklearn.ensemble import RandomForestRegressor

         model = RandomForestRegressor(n_jobs=-1,
                                       random_state=37)

         model

Out[22]: RandomForestRegressor(bootstrap=True, criterion='mse', max_depth=None,
                    max_features='auto', max_leaf_nodes=None,
                    min_impurity_decrease=0.0, min_impurity_split=None,
                    min_samples_leaf=1, min_samples_split=2,
                    min_weight_fraction_leaf=0.0, n_estimators='warn', n_jobs=-1,
                    oob_score=False, random_state=37, verbose=0, warm_start=False)

In [33]: model.fit(X_train, y_train)

Out[33]: RandomForestRegressor(bootstrap=True, criterion='mse', max_depth=None,
                    max_features='auto', max_leaf_nodes=None,
                    min_impurity_decrease=0.0, min_impurity_split=None,
                    min_samples_leaf=1, min_samples_split=2,
                    min_weight_fraction_leaf=0.0, n_estimators=10, n_jobs=-1,
                    oob_score=False, random_state=37, verbose=0, warm_start=False)
```

랜덤 포레스트와 Fit 명령어

하나. 정보를 모으십시오.
둘. 모은 정보를 분석, 분류, 저장하는 작업을 매일 하십시오.
셋. 그러면 나머지는 뇌가 해 줄 것입니다

이 모든 프로세스는 어렵지 않습니다. 정보를 잘 모으고 또 그 정보를 분류하는 전처리만 잘 해도 그 다음 프로세스부터는 이미 뇌가 자동적으로 알아서 하기 때문입니다. 입력만 해 두면 출력은 뇌가 알아서 자동적으로 한다는 것을 염두에 두십시오.

육감은 천재들의 직관을 상당부분 따라 할 수 있게 해 주는 효과적인 방법입니다. 물론 여기도 정보를 모으고 모은 정보를 분류하는 데이터 전처리라는 농업적 근면성이 필요합니다. 그래도 방법이 있다는 것에 저는 만족합니다.

### • 육감과 빅데이터 활용

추석이 9월에 있으면 가을이 빨리 온 것 같은 착각이 생깁니다. 9월말 추분이 지나면 아침저녁으로 선선함을 느낄 수 있었습니다. 말복, 입추, 추분 등의 절기는 날씨 데이터입니다. 날씨 데이터가 가장 유용하게 활용되는 영역이 바로 농업입니다. 수천 년 동안의 한반도 지역의 날씨 데이터를 축적하고 분석한 결과를 활용해 만든 농사 달력이 바로 24절기입니다.

여기 또 다른 형태의 데이터 활용 케이스도 있습니다. 저희 동네에는 국수를 하루 50그릇 한정 판매하는 곳이 있습니다. 사람들이 줄서서 먹는 이유이기도 합니다. 이 집의 하루 50그릇 한정은 아마도 이들이 장사를 하면서 보니까, 신선한 재료 공급과 쉐프님들의 요리 시간등 여러가지를 종합해서 하루 50그릇이 최고의 퀄리티로 음식을 고객에게 서비스할 수 있다는 믿음으로 그렇게 했을 것이라고 생각합니다. 데이터 기반 의사 결정인 것입니다.

또 통닭집을 운영하시는 부모님을 위해 통계학과를 다니는 자녀가 날씨, 스포츠, 주변 행사 등의 변수를 넣은 일별 통닭 판매 데이터를 만들어 재고 효율성을 올렸다는 이야기도 빼먹을 수 없는 생활 속의 빅데이터 활용기 입니다. 이것이 가능하게 한 것은 누군가가 기록해 놓은 데이터가 있었기 때문입니다. 이처럼 세상은 이미 데이터로 이루어져 있었습니다. 우리가 선조들에게 물려받은 유전자라는 내적 데이터부터 날씨와 같은 외적 데이터를 포함해, 우리가 살면서 직간접적으로 학습한 경험 데이터까지, 이들 모든 데이터들은 우리 삶의 기록인 것입니다.

이미 사회 여러 곳에서 데이터를 업무에 활용하고 있습니다. 암환자들의 초기 인터넷 검색어 패턴을 찾아 분석하여 초기 암환자들을 찾아낼 수 있는 연구를 하는 병원, 정확도 94%의 AI엑스레이 영상 분석 서비스를 제공하는 보건소, 머신러닝 오픈 소스를 활용해 농사진 오이를 크기별로 분류하는 프로그램을 만든 농부 등 우리 주변에는 데이터를 활용해 미래를 예측하거나 반복되는 업무의 효율성을 살린 예들이 많이 있습니다.

특히 오이 분류 시스템을 만든 사람은 부모님의 오이 농사 일을 도우러 농장에 내려갔다가 수확된 오이를 분류하는 것이 더 큰일이라는 것을 보고, 독학으로 머신러닝을(구글 머신러닝 오픈 소스, Tensor Flow) 공부해 집에 있는 카메라를 사용해서 인공지능 오이 사이즈 분류기를 만들었다고 합니다.

어떻게 만들었는지 궁금해하실 것 같아 좀 더 자세히 말씀드려 봅니다. 이 사람은 사전에 오이 사이즈를 대, 중, 소로 나누고 그 사이즈 별로 사진을 찍어 어떤 사이즈가 대, 중, 소인지 먼저 학습시키는 과정을 진행했습니다. 그리고 농장에서 수확한 오이를 대상으로 머신러닝 프로그램이 자동으로 사이즈를 측정해 사이즈 대, 중, 소로 오이를 선별하게 했다는 것입니다. 많은 경험과 지식이 뒷받침되면, 우리가 육감으로 오이 사이즈 대, 중, 소를 분류해 낼 수 있는 것과 마찬가지 방법인 것이지요(정도희(2018). 인공지능시대의 비지니스전략).

저는 머신러닝이 타고난 직관 없이도 훈련을 통한 육감으로 예측률을 올릴 수 있다는 증거가 된다고 생각합니다. 머신러닝의 학습방법을 그대로 따라 하면 후천적 직관인 육감을 키울 수 있습니다. 천재들의 직관, 우리도 가능합니다. 80%까지는.

## • 빅데이터와 광고마케팅

크리에이티브와 메시지 전략이 핵심이던 광고업계도 디지털이 중심이 되면서 많은 변화가 나타났습니다. 전략과 크리에이티브 시대에서 매체와 효과 측정을 통한 비용 분석의 시대가 된 것입니다. 측정과 분석 그리고 예측이 대세가 된 효율성의 시대입니다. 이것을 가능하게 해 준 것이 바로 데이터입니다.

디지털 기술로 인해 매체가 많아진 것도 또 다른 변화입니다. 디지털 매체의 증가는 광고비에도 영향을 주었습니다. 저렴한 비용으로도 광고를 집행할 수 있게 만들었으니까요. 그러다 보니 광고를 반복하는 비용도 당연히 줄어들게 되었고, 그 결과 독창적이고 창의적인 메시지를 만드는 것 보다는 어떻게 하면 타겟들에게 더 많이, 또 비용 효율적으로 광고를 노출시킬 것인가라는 매체중심적 전략에 더 집중하게 되었습니다. 결국 이제는 인식상의 차별화를 유도하는 광고전략이나 잘 쓴 카피,

슬로건 하나가 성공 캠페인을 이끌 수 있었던 화려했던 과거는 끝났다고 보는 것이 맞습니다. 사람의 능력보다는 결과 분석이 가능한 데이터 중심의 시스템에 의한 타겟 및 매체 그리고 이를 통한 효과 예측으로 이미 광고 전략의 커다란 방향 전환은 끝났습니다. AE의 광고전략과 CD(Creative Director)의 크리에이티브 전략 시대가 가고 시스템을 통한 데이터의 시대가 온 것입니다.

**✓ 광고마케팅과 데이터**

광고에서 빅데이터는 아직까지 소비자 트렌드나 인사이트 찾는 방법 위주로 활용되고 있는 것 같습니다. 대행사라고 하는 업의 한계 때문일 것입니다. 개인정보법으로 데이터 관리 계약을 하지 않으면 판매 데이터를 볼 수 없는데 대행사와 광고주와의 관계는 광고 크리에이티브에 한정된 경우가 많기 때문입니다. 좋게 말하면 전문 파트너이고 나쁘게 말하면 마케팅의 일부분만 관여하는 필요에 의한 관계인 것이지요. 하지만 데이터는 기업의 모든 것을 보여 주고 있습니다. 광고대행사와 광고주의 신뢰 구축이 되어 있지 않으면 광고주의 매출 데이터를 활용한 전략 제안 자체가 불가능한 것입니다. 사실 광고 성과에 따라 매년 계약을 갱신해야 하는 대행사 입장에서 시간과 인력 투여가 중요한 데이터 분석 업무를 대행하기는 어렵습니다. 그러다 보니 광고회사에서 이용할 수 있는 데이터 수준은 소비자나 시장 트랜드를 찾아내거나 구매데이터 분석을 통한 소비자인식조사 정도가 그 한계라고 생각됩니다.

결국 디지털 기술을 활용해 소비자 데이터를 볼 수는 있지만, 이렇게 수집한 데이터는 광고매체 전략을 수립하거나 소비자 타겟팅에 활용하는 것이 광고라는 관점에서 빅데이터를 활용할 수 있는 현재로서의 최선의 방식인 것입니다. 그럼 이제 대행사는 무엇을 해야 할까요? 저는 판매 데이터를 통한 소비자 성향 분석을 중심으로 타겟팅 광고 전략을 제안하고 집행하고 분석해야 한다고 생각합니다. 그리고 이와 함께 최종 구매 결정의 가장 강력한 요소로 알려져 있는 브랜드 가치를 만들고 확산시키는 일에 매진해야 한다고 생각합니다. 판매와 브랜드 이미지 모두 다 잡아야 하는 일을 해야 대행사가 생존할 수 있다고 생각하기 때문입니다.

데이터 중심 브랜드 콘셉트 제안. 요즘 제가 하고 있는 일입니다. 일반 광고마케팅 회사와 다른 점은 데이터 분석을 통한 구매자와 비구매자 예측입니다. 물론 예측 후 이들과 관계를 맺을 마케팅 커뮤니케이션 전략도 제안합니다. 하지만 데이터 예측의 정확도를 높이는 것이 저희가 추구하는 일입니다. 그러다 보니 데이터의 수준이 중요해졌고 좀 더 효율적인 비지니스를 위해서는 실제로 활용할 수 있는 데이터를 확보하는 것이 중요해졌습니다. 사실 지금도 꽤 많은 기업이 데이터를 소유하고 있지만 예측을 위해 쓸 수 있을 정도의 수준은 아닙니다. 기업은 이제부터라도 쓸 수 있는 데이터를 확보할 수 있는 전략을 짜고 거기에 맞춘 마케팅 커뮤니케이션을 해야 합니다. 이런 시도는 일반 기업들만의 일이 아닙니다. 동네에 있는 로컬 상권들도 해야 합니다. 예를 들어, 지역, 날씨, 스포츠 이벤트, 그리고 요일에 따라서 주문으로 튀겨지는 통닭의 양을 과거 데이터를 기반으로 예측하여 부모님 장사를 도와드린 대학생부터 할아버지의 혈당 체크를 데이터화해서 의사들의 판단을 도운 손자 등 간단한 생활데이터는 비지니스에 사용할 수 있기 때문입니다. 동네상권도 피자 판매 예측이라든지 동네 수퍼의 야채나 생선 코너 할인율 및 할인 시간을 결정하는 등 많은 일들을 데이터를 통해서 할 수 있게 되는 것입니다. 어렵지 않습니다. 데이터만 제대로 모은다면 말이지요.

그런 맥락에서 저희가 데이터를 모으기 위해 진행하

고 있는 프로젝트를 하나 소개해 드리겠습니다. 여행자 조건에 맞춘 빅데이터 기반 여행지 관광 스팟 추천 시스템입니다. 여행자가 자신의 조건(연령, 가족구성, 자녀조건, 여행스타일 등)을 입력하면 사전에 저희가 크롤링한 온라인 상의 해당 여행지 정보를 분석해 정리한 데이터와 매칭시켜, 여행자 조건에 맞는 여행 지역 내의 관광 스팟을 추천해 주는 알고리즘입니다.

여기서 수집된 데이터는 여행자 특성에 따른 관심 관광 스팟의 조건들을 파악할 수 있게 해 줍니다. 이를 통해서 지자체는 관광 마케팅이나 관광 정책을 결정하는 데 효과적인 도움을 받게 될 것입니다. 마치 아마존이 에코 AI 스피커의 알렉사를 통해 소비자들의 구매 데이터를 축적, 활용하는 것처럼 말입니다.

### ✓ 데이터를 통한 조직내 사일로(Silo) 극복

회사를 운영하다 보면 각 부서 간의 사일로 현상(부서

이기주의, 부서 간 협력이나 소통 없이 고립된 조직이 되어 전체 조직 전체의 비효율성과 고비용을 발생시키는 조직현상)에 대한 고민을 하지 않을 수 없습니다. 부서 간의 이기주의까지는 아니더라도 서로 협력해야 하는데 그것이 쉽지 않은 것이지요. 예를 들어 보겠습니다. 신선식품을 판매하는 유통회사가 있습니다. 신선식품이다 보니 배송이 큰 문제입니다. 제 시간에 맞춰 배송이 되지 않으면 상품들을 버려야 할 수도 있기 때문이지요. 하지만 마케팅 본부에서 배송의 현재 업무 부하를 모르면 어떤 일이 생길까요? 만약 프로모션을 걸어서 갑자기 주문이 몰리면 배송부서에서는 정해진 시간까지 배송을 못하게 될 수도 있습니다. 결과는 소비자 불만과 함께 신선식품의 퀄리티에 문제가 생길 수도 있습니다. 창고에 있는 어류가 신선한 정도로 유지되려면 3일 안에 팔아야 한다고 가정하겠습니다. 이럴 때가 마케팅에서 프로모션을 돌릴 때입니다. 그런데 이런 일은 물류 부서나 배송부서에서 마케팅에 정보를 제공할 때 가능한 일입니다. 이런 현상이 부서 간 사일로입니다. 이럴 때 각 부서가 서로의 상황을 체크할 수 있는 대시보드가 있으면 문제를 해결할 수 있습니다. 창고 현황을 파악한 마케팅에서 프로모션을 걸 수가 있으니까요. 그리고 배송부의 현재 상황을 보고 가격 할인을 연기할 수도 있는 것이구요. 이처럼 데이터를 활용하면 기업의 생산성도 올리면서 사일로 문제도 해결할 수 있습니다. 데이터가 있다면 말이지요. 데이터가 없을 때는 부서장들이 모여서 서로의 입장만 이야기하다 끝날 수도 있는 상황을 데이터 대시보드 하나로 깔끔하게 해결할 수 있습니다. 데이터 중심 커뮤니케이션의 장점입니다. 데이터로 대동단결하면 효과적인 업무를 볼 수 있습니다.

**✓데이터 액티비즘-데이터 민주화**

리터레이터(Litterait)라는 앱이 있습니다. 이 앱은 주변에서 버려진 쓰레기를 발견하면 촬영해서 올리는 앱입니다. 제가 길을 걷다가 바닥에 버려진 플라스틱 빨대를 발견합니다. 그러면 그 사진을 찍어서 앱에다 올리면 그 쓰레기의 사진과 위치가 구글맵에 등록이 됩니다. 개인들이 자발적으로 참여한 이 캠페인은 지역별로 버려지는 쓰레기 종류를 알 수 있습니다. 개인과 데이터가 모여서 만들어 낸 글로벌 데이터베이스가 된 것입니다. 이들이 꿈꾸는 세상은 쓰레기 없는 지구입니다. 이 앱은 기업들이 친환경 패키지로 포장을 바꾸고 관련된 정책을 입안하는 등의 활동에 도움을 줍니다. 이처럼 데이터를 활용하여 변화를 이끄는 것을 데이터 민주주의 또는 데이터 액티비즘이라고 합니다. 일본 상품 불매 운동에 이런 데이터 액티비즘을 활용한 사이트가 등장했습니다. 노노재팬이라는 사이트입니다. 개발자가 처음 올린 이후 개인들이 필요한 정보를 계속 업데이트하고 있다고 합니다. 어떤 상품이 일본산이고 이 상품의 대체품은 무엇이다까지 나온다고 합니다. 한개의 데이터는 전체의 한조각일 뿐이지만 이런 조각들이 모여서 전체가 된다고 생각하니 조그만 힘으로도 큰 변화를 만들어 낼 수 있음에 놀라고 있습니다.

인공지능은 사람의 지능을 카피한 것입니다. 우리도 데이터가 많으면 예측을 할 수 있습니다. 감으로 말이지요. 직관은 선천적이지만 육감은 지식과 경험의 축적으로 가능합니다. 여러분은 감이 없으신 것이 아니라 감을 갖기 위한 기초 데이터 부족상태인 것입니다. 지금부터라도 지식과 경험을 쌓고 그것을 데이터로 체계화하십시요. 이 책에 어떻게 지식을 쌓고 체계화하는지 이미 다 말씀드렸습니다. 그대로만 따라 하신다면 선척적인 직관을 갖을 수는 없더라도 후천적 직관인 육감은 갖을 수 있습니다. 직관은 갖고 태어나지만 데이터를 활용한 육감은 키울 수 있습니다. 인공지능이 할 수 있다면 이미 우리는 할 수 있었던 것입니다. 인공지능은 우리 뇌를 카피한 것이고 아직 뇌를 따라오기는 멀었으니까요. 그날이 오기 전에 우리 같이 육감을 키워 보는 여정을 떠나 보시는 것은 어떨까요?

### ✓ 데이터를 통한 본질적 마케팅으로의 회귀 -비본질적 마케팅

질문 하나 하겠습니다. 여러분은 보통 어떻게 최종 브랜드 하나를 선택하시는지요? 한번 잘 생각해 보시기 바랍니다. 저 같은 경우는 '가격이면 가격, 디자인이면 디자인이라는 가장 중요하다고 생각되는 한 가지 요소를 먼저 정하고 그 요소를 기준으로 다른 대안들과 비교 평가한 후 최종 하나를 선택합니다'라고 말할 것 같지만 사실은 그냥 쓱 보고 고릅니다. 기준이 없는 것이지요. 이게 일반적인 사람들이 구매하는 방법입니다. 물론 저관여 제품일 경우에 잘못된 판단으로 잃어버릴 것이 별

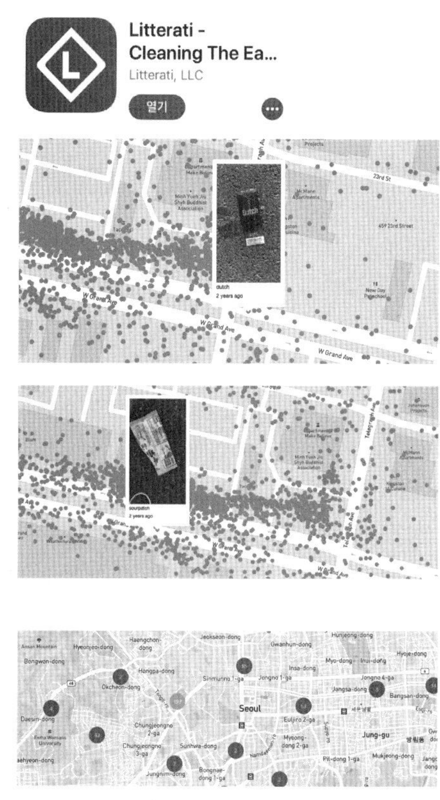


上. 업로드된 미국 오클랜드 쓰레기 분포
下. 업로드된 서울 충정로 지역 쓰레기 분포

로 없어서 더 그렇습니다. 하지만 브랜드 입장에서 이렇게 쓱 보고 선택을 당하는 것은 참 억울하고 불공평한 일입니다. 대안 리스트에 들기 위해서 한 노력이 있는데 그냥 쓱 보고 선택한다니 브랜드 입장에서는 그럴 만도 합니다. 그래서 브랜드는 이와 같은 최종 선택 단계에서 조금이라도 선택될 확률을 높이기 위해 브랜드 가치라는 것을 추가로 팝니다. 요즘 가전 제품 중 오브제라는 브랜드가 있습니다. 가전 제품인지 고급 가구인지 구별이 잘 안 되는 제품이지요. 이 브랜드가 쓰는 전략이 바로 브랜드 가치를 높이는 것입니다. 고급스런 이미지로 구매 대안 대상에 오른, 다른 비슷한 가격과 성능을 가진 브랜드들을 제치고 자신이 선택받기 위한 필살기로 디자인을 선택한 것이지요. 소비자들 중 디자인을 조금이라도 더 생각하는 분들의 최종 선택은 아마도 오브제일 것입니다. 이처럼 최종 선택 단계에서 브랜드가 소비자에게 내세울 수 있는 단 하나의 가치가 무엇이지, 그것은 가격일 수도 있고 디자인일 수도 있으며 때로는 환경보호와 같은 비제품적인 요소가 될 수도 있습니다. 그 가치를 구매하고자 하는 소비자만 존재한다면 말이지요.

그러면 왜 환경이나 기업의 신뢰성과 같은 비제품적인 요소가 선택의 새로운 옵션으로 등장하게 되었을까요? 기술의 발달로 제품적인 니즈는 어느 정도 달성되었기 때문입니다. 그러다 보니 제품적인 것에서 한발 더 나아간 비제품적인 요소에서 차별점을 찾으려고 하는 소비자들이 증가한 것입니다. 이것이 긍정적인 요소인지는 저도 잘 모르겠습니다. 잘못하면 본질적인 것에서 벗어날 수 있기 때문입니다. 저는 빵 굽는 토스터기가 필요한 것이지 주방 생활을 행복하게 해 준다는 목적으로 와이파이 스피커까지 되는 비싼 토스터기가 필요한 것이 아니니까요. 여하튼 이제는 브랜드가 제품적인 것과 비제품적인 것까지 제공해야 하는 복잡한 시대에 살고 있는 것만은 확실한 것 같습니다. 어떻게 보면 비본질적 마케팅이란 브랜드가 유도하는 습관적 소비의 이유를 좀 더 고상하게 만들어 주는 역할을 하는 것이 아닌가 하는 생각도 듭니다. 판매를 위한 판매 전략인 셈이지요. 그 몫은 고스란히 소비자들이 감당해야 합니다. 비싼 가격과 필요 없는 기능으로 말이지요.

원론적으로 볼 때 비본질적 마케팅은 핵심기술의 보편화로 인하여 더 이상 품질의 차별화가 어렵게 되었기에 나온 차별화 전략 중 하나입니다. 제품 본질과 함께 소비자의 심리까지 만족시켜는 것으로 승부를 보자는 것이지요. 그렇다고 제품의 본질을 외면하는 것이 아닙니다. 결핍은 제품으로 해결하고 소유로 인한 소비자의 심리적 욕구까지 만족시키고자 하는 노력이라고 보는 것이 맞으니까요. 결핍과 함께 소비자의 욕망까지 브랜드가 채워 줘야 성공할 수 있다는 이야기입니다. 요즘 유행하는 비스포크 가전제품이나 오브제같은 브랜드들이 이미 이런 접근을 하고 있습니다. 하지만 소비자는 TV 프로그램을 보기 위하여 TV를 구매하는 것이지 TV 본체를 감상하기 위해서 구매하는 것은 아닙니다. 비본질적 마케팅에서 주의해야 할 포인트라고 생각합니다.

**-데이터에 의한 본질적 마케팅으로의 회귀**

인생에서 느끼는 기쁨의 90% 이상은 과거의 첫 경험으로부터 끄집어내는 것이라고 합니다. 어디서 읽은 자료인데요, 향수(nostalgia)의 어원은 1688년 스웨덴의 의사인 요하네스 하퍼가 그리스어 nostos(집에 오다)와 algos(고통)을 조합하여 만든 합성어로 '과거 특정한 시점에 대한 동경이나 과도한 감성적 소망 또는 회귀'라고 합니다. 2006년 사우스샘프턴 대학의 연구에 의하면 172명의 실험자 중 79%는 일주일에 한 번, 16%는 매일 향수를 느낀다는 대답을 했다고 합니다. 이런 다수와 관련된 생각은 행복감을 올려 주는 것으로 알려져 있는데요, 그 이유가 뇌는 과거의 경험들을 실제보다 더 아름답게 회상하도록 프로그램되어져 있기 때문이라고 합니다. 고통스러운 기억은 제거하여 자신을 보호하기 위한 일종의 생존 장치쯤 되는 것이지요. 여러분도 어릴적 기억이 실제와 다르게 기억되어져 있는 것을 느끼신 적이 있지 않나요? 특히 그 기억의 당사자들끼리 만났을 때 서로 다른 기억의 파편을 갖고 있는 경우도 종종 봤습니다. 이처럼 뇌와 현실 사이에는 약간의 간극이 존재한다는 것입니다.

기업들은 뇌가 갖고 있는 이런 기억의 간극을 브랜드 전략으로 활용하기도 합니다. 나이를 예로 들어 설명해 보면, 타인이 보는 실제적인 나이와 스스로 생각하는 내면의 나이 사이에 차이가 존재하고, 소비자는 이 차이, 간극을 해결하기 위하여 브랜드를 선택하기 때문입니다. 어릴적 사랑했던 브랜드를 사는 이유는 젊은 시절의 느낌을 떠올려 아직도 내면의 나이로 살아가고 있다는 사실을 확인하는 과정이라고 이야기하는 연구자도 있습니다. 또한 경제가 어려워질수록 과거에 먹던 음식을 더 찾고, 오랫동안 우리와 함께했던 장수 브랜드들의 인기가 높아지는 것도 같은 맥락으로 볼 수 있습니다. 기술 발전이 빠를수록 어릴 적부터 함께해 왔고 나의 옛 기억을 되살리게 해 주는 브랜드들에 더 집착하는 경향이 생긴다고 하는데 여러분은 어떻게 생각하시는지요? 궁금한 건 왜 우리는 브랜드를 통해 나 자신을 표현하려고 하는 걸까요? 저도 답은 잘 모르겠습니다만 한 번쯤 생각해 볼 만한 주제입니다. 왜냐구요? 브랜드가 우리 삶에 차지하는 영역이 크기 때문입니다. 제가 국제구호개발 NGO인 세이브더칠드런(Save The Children)에서 마케팅을 할 때입니다. 광고업계 선배이자 저희 본부장님이셨던 분이 이런 이야기를 하시더군요. 본인이 아프

리카에 있는 사업장에 갔을 때 마을에서 아이들과 같이 이야기하면서 가장 많이 말했던 단어들이 브랜드라고요. 우리는 삼다수를 마시고 M&M초콜렛을 먹으며 존슨앤존슨 베이비 로션을 쓰고 탐스를 신고 있다고요. 그런데 그 아이들에게는 그냥 물이고 신발이고 화장품인거라구요. 처음에는 뭔 소리인가 했는데 곰곰이 생각해 보니 현대인은 정말로 브랜드에 포위당해 살고 있다는 것을 느꼈습니다. 그렇다고 탈 브랜드 하자는 이야기는 아닙니다. 약수터 물은 무료인데 플라스틱병에 넣고 이름을 정하면 500원이 되는 이유에 대해서, 또 에비앙과 일반 편의점 자체 브랜드(PB) 생수 가격에 왜 차이가 나는지 그 이유에 대해서 생각해 보자는 것입니다. 데이터적인 관점에서 보면 둘 다 물입니다. 어떻게 보면 국내에서 생산된 물이 더 신선할 수도 있겠지요. 하지만 우리는 브랜드를 선택합니다. 그게 더 편하니까요. 믿을 만하구요. 더구나 브랜드는 제 수준을 말해 주기도 하니까요. 그렇게 보면 데이터적인 삶은 브랜드가 아니라 제품적 본질에 더 관심을 갖는 삶일 수도 있을 것 같습니다.

**-난 데이터가 아니라 보고 싶은 것만 본다**

얼마 전 유명 자동차 브랜드의 배기가스 배출 관련 문제가 있었는데요, 그 브랜드에 충성도가 높은 소비자들은 이 사실을 참 믿기 어려워했었던 것으로 기억합니다. 제 지인도 그랬으니까요. 그들은 이런 현실을 바로 믿고 인정하기보다는 기업이 의도성이 없다거나 아니면 단순 실수라고 이야기할 수 있는 자료들을 찾아 보는 경향이 있습니다. 브랜드에 대한 자신의 믿음과 판단이 틀리지 않았다는 것을 증명하고 싶어서 일 수도 있는데요, 이런 행동들이 비상식적이라고 생각하시나요? 아닙니다. 자신의 신념을 지키기 위한 매우 정상적인 행동입니다.

요즘 유행하는 서비스 중에 큐레이션이라는 것이 있습니다. 나에게 맞춘 정보만 제공해 주는 편리한 서비스입니다. 빅데이터 기술까지 장착되어 제가 기존에 몇 번 선택한 정보가 있으면 그 정보를 중심으로 자료들을 제시해 주는 것이지요. 만약 제가 외계인이 있다고 생각하는 사람이고 관련 기사를 클릭했거나 저장했다면 외계인이 존재한다는 자료만 큐레이션을 통해 제게 보여 주는 것입니다. 매우 편리한 서비스이지만 또한 매우 위험한 서비스이기도 합니다. 자신이 보고 싶은 것만 보게 되는 경우가 생기게 되기 때문입니다. 세상은 다양한 영역으로 구성되어 있습니다. 내가 생각하는 영역이 맞다고 판단하기 위해서는 반대 영역도 같이 보아야 내가 선택한 것이 맞다는 확신을 갖을 수 있습니다. 올바른 판단을 하기 위해서는 나와 다른 생각을 가진 사람들과도 이야기해 보아야 하는 것이지요. 만약 나와 동일한 생각을 가진 사람들만의 이야기를 듣게 되면, 편협된 생각이 다수의 생각이라는 오류를 범할 수도 있기 때문입니다. 지구종말론을 주장했던 사람들이나 지구가 평평하다고 주장했던 사람들의 결말이 어떠했는지 생각해 보시면 큐레이션으로 유발될 수 있는 편협을 상상해 보실 수 있을 겁니다. 그리고 만약 누군가가 큐레이션을 사용해 우리를 그들이 원하는 것만 보게 할 수 있다면 어떻게 될까요? 참 무서운 생각이기는 하지만 그럴 가능성도 배제할 수는 없다고 생각합니다. 요즘 우리 주변에서 볼 수 있는 가짜 뉴스를 보면 말입니다. 큐레이션을 거부하라는 것 아니라 어떤 정보에도 비판적으로 볼 수 있는 근거가 되는 데이터와 비판 정신이 필요하다는 이야기를 드리는 것입니다.

브랜드도 마찬가지입니다. 특정 브랜드에 대한 선호도가 높은 소비자의 경우 자신의 생각을 방어하기 위해서 자신의 생각과 맞는 정보만을 소비합니다. 확증편향이 작동하는 경우라고 하겠습니다. 이럴 때 옆에서 누가 어떤 이야기를 해도 그 사람은 해당 브랜드에 대한 사랑을 절대로 버리지 않을 것입니다. 이런 경향은 특히 가격 전략에서 더 명확히 나타납니다. 사람들은 잘 모르는 상황에서는 이미 기준이 되었던 기준점을 중심으로 생각하기 때문입니다. 높은 가격에는 그만큼의 이유가 있다고 생각하는 것이지요. 모피코트가 고가로 책정되었을 때 더 많이 판매된 케이스를 기억해 보시기 바랍니다. 사실 얼마 전 저도 그랬습니다. 동일한 제품을 비싸게 구매하고서는 제게 비싸게 샀다고 이야기하는 사람들에게 왜 그 매장에서 비싸게 주고 살 수밖에 없었는지에 대해서 속은 쓰리지만 그 이유를 찾아서 구구절절이 설명했었으니까요.

**-데이터를 보지 않게 하는 메커니즘**

얼마 전 아내와 함께 동네 근처 ○○수산이라는 횟집에 갔습니다. 오징어물회를 주문했는데요 다이어트하는 아내를 위한 메뉴 선정이라고는 했지만 실은 저도 물회가 많이 먹고 싶었거든요. 그런데 메뉴가 써 있는 횟집 벽면에서 인상적인 사진을 하나 발견했습니다. 강원도 무슨 항에 정박해 있는 배 위에서 선장님이 커다란 생선 한 마리를 들고 찍은 사진이었는데, 사진에는 이렇게 써 있었습니다. ○○ 수산 부사장 ○○호 선장. 매주 화요일 직접 횟감 공수.

이 사진을 보는 순간 저는 두 가지 생각이 머리를 스쳤습니다. 하나는 이 집 횟감은 자연산이라는 것과 두 번째는 파는 회들이 싱싱하겠다는 것이었습니다. 이 두 가지 생각이 종합되면서 결론적으로 맛있는 집이겠다라는 생각이 들었습니다. 강원도 항구까지 가야지만 맛볼 수 있는, 현지에서 직접 잡은 생선을 서울 집 앞에서 맛볼 수 있다니 참 좋은 기회다라는 생각과 함께 말이지요. 여러분은 어떤 생각이 드셨을 것 같으세요? 아마 저와 별반 다르지 않으실 것입니다. 회를 좋아하신다면 말이지요. 물론 앞으로 회를 먹고 싶을 땐 이리로 와야겠다는 생각도 했답니다. 그런데 왜 저는 낚시배에 탄 선장님이 생선 한 마리를 들고 찍은 사진 한 장을 보고 상품에 대한 신뢰는 물론, 재방문의 의지까지 불태웠던 것일까요? 사실 제가 접한 정보는 단 하나의 사진 이외에는 아무것도 없습니다. 더구나 저는 ○○수산 부사장님이신 선장님이 회를 직접 공수해 오시는 것을 본 적도 없습니다. 저는 단지 횟집에 걸려 있는 사진 한 장만을 본 것이지요.

횟집은 활어를 취급합니다. 활어는 산지에서 잡힌지 얼마 되지 않은 상태에서 서울까지 배송되지만 사실 양식산이 더 많다고 합니다. 그러다 보니 같은 활어라도 공급이 따라가지 못하는 자연산이 더 고급이라는 인식과 함께 현지가 아니면 당연히 먹기 쉽지 않다는 인식이 있습니다. 이런 상황에서 현지가 아닌 서울에서 자연산

회를 그것도 횟집에서 운영하는 선박이 직접 잡은 것으로 먹을 수 있다는 것은 소비자에게 매우 만족스러운 경험이 됩니다. 더구나 이게 진짜 자연산 맞나 하는 불안감까지도 그 사진 한 장이 깨끗이 해결해 준 것입니다. 정말로 열일한 사진입니다. 바로 이 배 한 척과 선장님 사진이 자연산, 싱싱, 신뢰, 맛이라는 음식의 핵심 키워드를 생각나게 한 맥락이 되는 것입니다. 결국 저는 데이터를 확인하지 못한 채 사진이 제공하는 맥락을 신뢰하게 된 것입니다. 뇌의 역습이라 할 수 있습니다. 물론 제 신뢰는 맛으로 보답했지만 말입니다.

맥락을 활용한 기업의 마케팅은 우리 주변에서 많이 볼 수 있습니다. 저는 미국 출장 중에 자연주의 식단을 운영하는 어느 식당에서 식사를 한 적이 있습니다. 이곳에는 자연이라는 맥락을 점화시키는 오브제가 참 많았는데요. 그중 백미는 바로 직접 기르는 야채밭이었습니다. 식당 한쪽을 차지한 유리로 만든 실내밭에서는 여러 가지의 채소들과 허브들이 자라고 있었는데요, 쉐프들이 직접 야채들을 따서 주방으로 갖고 들어가는 모습을 보이기도 하더군요. 그곳의 야채들이 정말 일정 기간 동안 그곳에서 배양되고 수확되는 것인지, 또 이 많은 식단에 들어가는 야채 전량이 그 실내밭에서 나오는 것인지는 모르겠지만, 적어도 자연주의 식당이라는 콘셉트에 맞는 매우 적절하고 효과적인 마케팅적 접근이라는 생각이 들었습니다. 아마 국내에서도 옥상 텃밭이나 식자재가 있는 농촌 지역에서 오픈한 유명 쉐프들의 자연주의 레스토랑들이 있다고 들었습니다. 기회가 되면 저도 꼭 한번 방문해 보고 싶습니다. 그리고 간 길에 꼭 물어보고 싶습니다. 여기서 쓰는 야채는 모두 저 밭에서 나온 것이냐구요. 마케팅에 활용되지 않으려면 의심과 데이터 확인에 의한 판단이 필요하니까요.

신선(Freshness) 팔기 시도는 우리 전통 시장은 물론 일반 마켓에서도 볼 수 있습니다. 수산 시장이나 동네 시장 수산물 골목에 가면 생선들이 얼음에 올려져 있는 모습을 볼 수 있을 것입니다. 마트에서는 얼음 위에 누워 있는 것도 모자라 그 근처에 신선한 수증기 같은 것이 뿜어 나오기도 하지요. 어느 연구자가 이런 실험을 했다고 합니다. 동일한 냉동 생선을 한쪽 매대에서는 생선 박스 위에 그리고 또 다른 매대에서는 얼음 위에 전시하고 판매 실적을 모니터링했습니다. 그 결과 얼음 위 생선 전시 매대가 약 73%더 많은 매출을 기록했다고 합니다. 소비자들이 얼음 위에 있으니까 더 신선하다고 판단 한 것이겠지요. 얼음에서 나오는 신선하다는 맥락이 소비자들이 얼음 생선 매대를 선택하게 한 것이라고 이야기할 수 있습니다.

또 다른 예도 있습니다. 우리나라도 마찬가지인데요. 마트에 딱 들어가시면 제일 먼저 우리를 반기는 매대가 있습니다. 혹시 어떤 상품을 파는 매대인지 기억하시나요? 네, 맞습니다. 바로 과일이나 야채 등을 판매하는 신선식품 매대입니다. 왜 그럴까요? 연구에 의하면 과일과 야채는 건강, 신선, 청결이라는 감정을 점화시킨다고 합니다. 마트에 들어가자마자 깨끗하고 신선하게 전시된 과일 등과 만나는 순간 소비자는 '아, 이 마켓에서 파는 상품은 모두 다 신선하겠구나'라는 생각을 심어 준다고 합니다. 이와 함께 매대 옆에 작은 칠판을 놓아두고 매대에 전시된 과일의 종류와 가격을 적어 놓은 경우를 보신 적도 있으실 것 입니다. 왜 굳이 종이나 플라스틱 가격표가 아닌 칠판에 적어 두었을까요? 해외에서 이른 아침에 로컬 마트를 가 보신 분이라면 금방 아실 수도 있을텐데요, 바로 유럽이나 미국의 시골 마을 마켓에서 하는 것을 도심 마트에서도 그대로 따라 하는 것입니다. 왜냐하면 상품명과 가격이 쓰여진 칠판을 보는 순간 마치 현지 로컬 마트에서 싱싱한 식자재를 구매하는 것과 같은 느낌을 전달해 주기 때문입니다. 즉, 여기서 칠판은 로컬 마켓의 싱싱함을 매개하는 도구로써 사용된 것이지요.

휴가 때 호텔에 가면 재미있는 광경이 펼쳐집니다. 화장실 변기 뚜껑에 종이 묶음띠가 설치되어 있는 것을 보신 적이 있을 겁니다. 화장실 변기를 사용하기 위해서는 그 종이띠를 끊어야 합니다. 그런데 말입니다. 왜 종이띠를 그곳에 설치해 두었을까요? 사실 그 변기는 처음 사용하는 새 변기가 아닙니다. 우리 이전 투숙객도 사용했던 것이지요. 하지만 그 종이 묶음띠는 우리에게 이런 메시지를 줍니다. 이 변기는 당신이 처음 사용하는 것이라고 말이죠. 이유는 간단합니다. 청결이라는 키워드를 제공하고 싶은 것이지요. 호텔은 청결하고 고급스러워야 하니까요. 그래서 우리가 처음 사용하는 것 같은 이미지를 제공하는 도구로 종이 묶음띠가 변기에 활용된 것이지요.

청결에 관한한 흥미로운 통계가 또 있습니다. 책방에 가시면 전시매대에 책들이 쭉 전시되어 있는 것을 보실 수 있습니다. 세로가 아니라 가로로 누워져 있는 모습인데요 같은 책들 몇 권이 포개져서 전시되어 있습니다. 여러분은 채 매대에서 책을 구매할 때 포개져 있는 책 중 몇번째 책을 구매하시나요? 통계에 의하면 세 번째 책이 제일 잘 선택된다고 합니다. 사실이 이야기는 책이 아니라 영국 신문 가판대에서 측정한 연구결과라고 하는데 제가 책방 상황으로 바꾸어서 설명한 것입니다.

또 다른 하나는 화장실 사용인데요, 여러분은 화장실에 들어갔을 때 몇 번째 칸을 사용하시는지요? 이것도 세 번째나 두 번째가 제일 많이 사용된다고 합니다. 그렇다면 왜 첫 번째칸을 사용하는 사람들이 많지 않을까요? 그건 바로 가장 많이 사용할 것 같아서 그렇다고 합니다. 그래서 전 이 이야기를 들은 이후로 공공 화장실에서는 꼭 첫 번째 칸을 사용한답니다. 데이터를 확인한 후에 내린 결정이지요.

이처럼 맥락점화는 참 많은 곳에서 우리를 유혹하는 도구로 사용되는데요, 기업이 브랜드 전략으로 이 맥락점화를 사용하지 않을 이유는 없겠지요. 습관적 구매를 유발시킬 수 있는 매우 효과적인 전략이니까요. 맥락은 특정 이미지를 점화시키고, 점화된 이미지가 브랜드 연상과 일치할 때 브랜드 효과가 증가합니다.

기업은 그들이 목표로 하는 브랜드 연상을 구축하기 위하여 노력합니다. 소비자로서 합리적인 판단을 하고 싶다면 우리는 올바른 정보를 갖고 있어야 합니다. 데이터를 확인하고 브랜드들의 이런 전략에 대해 고민해 봄으로써 자신이 어떤 과정을 거쳐 그 브랜드를 구매하게 되는 것인지 알아야 합니다. 항상 데이터를 활용하고, 타인의 비판적 의견을 경청하면서, 질문을 하는 습관을 갖춘다면, 합리적이고 현명한 소비를 할 수 있는, 데이터 기반 의사결정을 할 수 있을 것이라고 생각합니다.

4장

# 신이 하지 않은 일

## 왜 신은 이 일을 하지 않았는가

제가 대행사를 떠나 국제구호개발 기구인 세이브더칠드런에 입사한 이후 첫 6개월은 그냥 가만히 앉아서 직원들이 하는 일을 지켜보는 것이 일이었습니다. 대행사 업무와 너무 다른 일이어서 그쪽 용어는 물론 업무 프로세스부터 익혀야 했기 때문입니다. 기본 업무에 익숙해질 무렵 현재 진행하고 있는 광고마케팅 캠페인들을 리뷰할 기회가 생겼습니다. 철저하게 모금 위주로 짜여져 있는 캠페인들을 보면서 좀 의아한 생각이 들었습니다. 모금도 좋지만 세이브더칠드런이라는 기관의 브랜드 전략이 보이지 않았기 때문입니다.

그때부터 저는 NGO의 브랜드 전략에 대한 고민을 시

작하게 되었습니다. 제 고민의 핵심은 모금을 요청할 때 꼭 우리 브랜드에 해 달라고 이야기해야 하는가였습니다. 예전에 우연한 기회에 자동차 타이어 브랜드 마케팅 임원과 이야기할 기회가 있었습니다. 그때 그 사람이 브랜드 전략에 관한 이야기를 하면서 타이어는 브랜드 전략이 필요 없을 수도 있다고 했습니다. 왜냐하면 타이어에 문제가 생겼을 때 가장 가까운 샵이 경쟁 브랜드 샵이라도 어쩔 수 없이 그 곳에서 그 브랜드로 타이어를 교체해야 하기 때문이라고 하더군요.

NGO도 비슷한 상황입니다. 꼭 우리 브랜드에 후원자가 기부해야 할 이유는 없기 때문입니다. 후원자들은 브랜드가 아니라 상품에 기부를 하기 때문에 우리의 역할은 후원자가 기부할 수 있는 환경을 만들고 그 옆에서 있다가 기부를 받는 것이 가장 좋은 모금 방법이라는 것이 저희 본부장님 포함 일반적으로 NGO 마케팅을 하는 사람들의 이야기입니다.

광고 크리에이티브 역시 힘들어하는 아이들의 사진을 보여 주는 경우가 도움을 받고 웃으면서 지내는 모습의 사진을 보여 주는 경우보다 모금이 더 잘 되는 현실도, 기관의 브랜드 파워가 모금에 미치는 영향에 의구심을 갖게 만드는 요소가 됩니다.

이런 이유로 NGO 모금을 위한 광고마케팅 자체가 어떻게 보면 매우 단선적이고 직설적일 수밖에 없다 보니 제가 대행사에서 같이 일했던 천재들이 이 영역에서 일하시는 경우는 재능기부를 제외하고는 거의 없었던 것으로 기억합니다.

NGO 입사 후 일 년 정도가 지났을 때입니다. 마침 좋은 기회로 새로운 캠페인 하나를 런칭할 수 있었습니다. 그때 과거에 같이 일했던 몇몇 천재들을 찾아가 이야기를 나눈 적이 있습니다. 물론 왜 비영리 영역에는 훌륭하신 분들이 들어오시지 않는지도 물어보았습니다. 그들의 대답은 '아직 때가 아니다'라는 것이었습니다. 아직은 모든 측면에서 광고마케팅의 신들이 같이 일할 수 있는 환경이 조성되지 않았고, 그때까지는 재능기부 형태로도 충분히 도움을 줄 수 있다고 말했습니다. 저는 그 말을 들으면서 잘 하면 우리 같은 일반인들이 천재들의 간섭 없이 재미있게 일 할 수 있는 영역이 바로 이곳이 될 수도 있겠다는 생각을 했습니다.

그럼에도 불구하고 제가 2년만에 기관을 떠난 이유는 저의 부족한 소명의식과 진정성 때문이었습니다. 구호개발사업에 대한 이해와 자신에 대한 약속 없이 이 일을 한다는 것이 얼마나 어려운 것인지를 알게 된 것입니다. 하지만 그곳에서 한 가지 배운 것이 있습니다. 그동안 보지 못했던 달의 뒷면을 보게 된 것입니다. 이를 통해서 우리가 사는 사회의 민낯을 볼 수 있었고, 공동체와 사회적 가치에 대한 생각을 새로운 비지니스 기회로 만들 수 있겠다는 생각도 할 수 있었습니다. 그리고 또 하나, 캠페인을 하면서 항상 의지했던 천재들 없이 제 생각대로 캠페인을 진행할 수 있었던 기회가 된 것도, 저에게는 커다란 경험이 되었습니다.

## 데이터를 활용한 가치소비

여러분은 어떤 사회적 가치를 갖고 계시나요. 혹시 갖고 계신 그 가치를 대변하는 브랜드를 사용하고 계신가요? 사용하고 계시다면 그 브랜드가 추구하는 가치가 어느 정도 실현되었는지 계산해 보신 적 있으신가요. 아마 많은 분들이 가치 계산까지는 하지 못하셨을 것입니다. 물론 저도 마찬가지입니다. 하지만, 그럼에도 불구하고, 저는 단순히 필요한 물건을 구매하고 소비하는 소비자가 아니라, 사회를 살아가는 주체로서 이 사회를 지속가능한 상태로 유지하고 후대에게 물려줄 의무가 있는, 소비를 통해 우리가 누구인지 이야기할 수 있는 소비 권력자의 삶을 살아야 한다고 생각합니다.

많은 연구가 이제는 메시지의 기능적, 감성적 가치와

함께 사회적 혜택이, 브랜드가 제공하는 가치의 또 다른 한 축이 되었다고 이야기하고 있습니다. 지속가능성이라는 새로운 관점으로 사회적 가치가 주는 혜택을 이야기하는 것이 브랜드 통합 이미지 구축에 더 이롭기 때문입니다. 이런 사회적 가치를 표방하는 브랜드가 공유를 기반으로 하는 디지털 시대에 더 적합한 모델이라고 저는 생각합니다.

브랜드 가치란 브랜드가 추구하는 삶으로서의 철학, 의미를 메시지로 만든 것입니다. 타 브랜드와 속성이나 소비자 혜택으로 차별화하는 것이 아니라 브랜드 자신의 이야기를 생활자의 삶에 녹여 이야기 하는 전략입니다. 그러기 위해서는 브랜드 자신만의 생각과 철학을 정립할 수 있어야 합니다. 그런 이유로 유니레버 도브는 '아름다움이란 무엇인가'에 대해서 고민하는 브랜드가 되었고, 파타고니아는 '환경'에 대해서 그리고 자동차 브랜드 볼보는 '도로 위 안전'에 대해서 고민하고 필요하면 그들의 목소리도 내고 있습니다. 물론 이와 같은 사회적 가치 이외에 즐거움이나 자신감, 가족과의 행복을 이야기 하는 브랜드들도 있습니다. 상품이 갖고 올 긍정적인 사회 변화에 대해 이야기 하는 브랜드가 증가하고 그런 가치 브랜드를 구매하는 소비자가 늘고 있습니다.

가치 마케팅이 천재가 아닌 일반인, 우리에게 효과적인 이유는 다음과 같습니다.

첫 번째로 우리에게 기회가 있습니다. 제가 아는 어떤 천재들도 코즈마케팅이나 가치 기반 마케팅에 깊이 뛰어들지 않았습니다. 제 경험상 그들은 이쪽 시장보다 더 큰 시장이 많기 때문에 아직 적극적으로 관심을 갖고 있지는 않습니다. 그리고 무엇보다도 예산이 별로 없어 재능기부 형식을 빌리지 않고는 그들을 이곳에서 만나기가 어렵습니다.

사실 이 영역에서 일한 경험을 갖고 있는 저도 진정성에 대한 고민, 소명에 대한 고민이 많았던 것이 사실입니다. 하지만 결국 기업은 사회에 도움을 주는 것에 그 비전을 두어야 하는 만큼 거시적인 측면에서 일반 기업과 비영리 기업은 크게 다르지 않다고 생각합니다. 그리고 사회적 문제를 해결하는 방법에서 비즈니스 기회를 찾아 수익으로 연결하고 그 문제까지 해결할 수 있는 방법이 있다면 누가 그런 비즈니스를 마다하겠습니까. 다만 아직 이런 선순환 시스템이 만들어지지 않았기 때문에 천재들도, 또 우리도 망설이는 것이라고 생각합니다.

두번째로, 그럼에도 불구하고 광고마케팅을 하는 입장에서 사회적 가치를 이야기하는 코즈마케팅에 관심이 가는 또 다른 이유는 바로 차별화를 고려하지 않아도 된다는 것 때문입니다. 차별화가 없다는 것은 카테고리 메시지를 쓸 수 있다는 말씀을 드리는 것입니다. 카테고리 광고는 브랜드의 차별화된 혜택을 이야기하는 것이 아니라 카테고리 혜택을 이야기하기 때문에 소비자들의 욕망 그 자체를 터치할 수 있습니다. 소비자 인사이트가 있는 광고 메시지 만들기가, 차별화를 통한 크리에이티브보다 조금은 용이하다고 생각합니다. 일반적으로 브랜드 광고는 타사와 비교되는 자사만의 차별점을 이야기할 수밖에 없어 메시지가 카테고리 메시지 보다 작아지는 한계가 있습니다. 특히 비영리의 경우 상대방과 자신을 비교하는 일은 하지 않습니다. 서로를 경쟁사가 아닌 같은 목표를 추구하는 동반자로 보기 때문입니다. 결국 카테고리 광고 메시지를 만들 수 있는 환경이 된다는 것입니다.

세번째로, 소비자가 가치 소비를 하게 되면 기업들이 수집하는 구매 관련 데이터에도 그 흔적이 남습니다. 그 결과 사회적 가치를 중심으로 구매한 브랜드들의 매출

이 증가하게 되면 기업들도 그 브랜드에 대해서 더 많은 마케팅 노력을 집중하게 됩니다. 기업은 많이 팔리는 브랜드를 옹호하기 때문입니다. 기업이 소비자를 파악하기 위해 분석하는 데이터가 많아질수록 소비자의 파워는 더 커진다고 할 수 있습니다. 이런 관계를 활용하여 기업을 리드하는 소비자, 지속가능한 생산과 소비를 유도하는 소비자 아니 생활자 대상 광고마케팅이 기업 관점에서 새롭게 관심을 받고 있는 것입니다.

그럼 마지막으로 코즈마케팅의 전략 프레임을 설명드리면서 제가 진행한 케이스로 천재들이 가지 않은 길인 코즈마케팅, 비영리 마케팅에 대한 이야기를 정리하도록 하겠습니다.

## 코즈 마케팅

코즈(Cause) 마케팅은 '사회문제가 브리프가 되고 브랜드가 해결책이 되어 기업이 사회문제를 해결하고 동시에 수익도 올릴 수 있는 마케팅 전략'입니다. 이것이 효과적인 이유는 소비자들이 문제라고 생각하고 있는 부분을 브랜드가 나서서 해결해 줌으로써 브랜드와 소비자가 자아표현적 레벨에서 관계를 맺을 수 있게 만들기 때문입니다. 이렇게 자아표현적 혜택 레벨로 소비자와 관계를 맺은 브랜드는 높은 브랜드 충성도를 가진 매우 강력한 옹호자 집단을 갖게 되고, 이들의 브랜드 엠버서더 역할은 브랜드 자산가치를 강화시키는 긍정적인 역할을 하게 됩니다. 마치 마리몬느나 프라이탁처럼 말이지요.

사실 브랜드는 산업화 시대를 거치면서 제품 이면의 사람을 믿어야 하는 필요성에 의해서 만들어 졌다는 의견에 동의합니다[레이첼 보츠만(2019), 신뢰 이동]. 이후 디지털을 통한 양방향 커뮤니케이션이 일상화되면서 브랜드 전략이나 광고가 아닌 나와 비슷한 사람들이 추천하는 댓글에 의한 구매가 증가했습니다. 주도권이 기업에서 소비자에게로 이동한 것입니다.

하지만 모바일 SNS가 중심인 플랫폼에는 기업도 있지만 기업의 브랜드를 구성하는 요소로 소비자 공동체도 같이 존재합니다. 에어비앤비의 호스트가 플랫폼을 구성하고 있지만 이들은 게스트가 되어 플랫폼을 사용하기도 하기 때문입니다. 기업과 소비자 공동체가 한 몸이 되어 버린 것입니다. 그러다 보니 이제는 기업이 내부 공동체인 이들까지 만족시키는 브랜드가 되어야 하는 책임이 생겼고 이를 위해 일반적인 브랜드 전략이 아

## 코즈마케팅 전략 프레임 워크

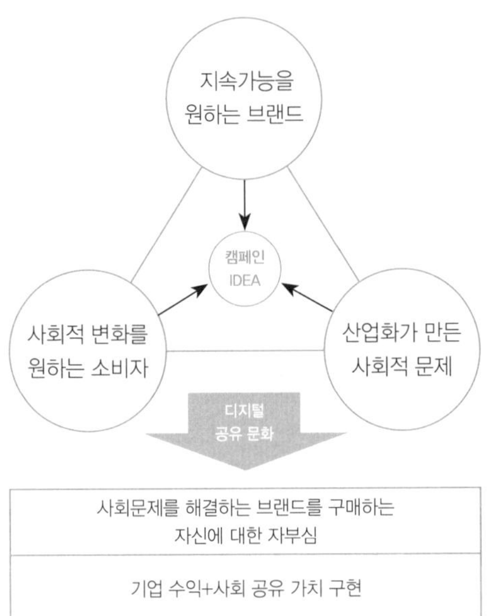

닌 새로운 개념의 브랜드 전략이 필요해진 것이라고 생각합니다. 기업과 소비자 공동체를 모두 아우를 수 있는 마케팅, 코즈마케팅의 시대가 온 것입니다.

### · 교통카드 기부 캠페인 케이스

그날은 눈이 내렸습니다. 오후 강의가 끝나고 학교 병원 앞 버스 정류장에서 내렸는데 버스 쉘터 안에 있는 두 개의 작은 의자에 사람들이 옹기종기 모여 앉아 있는 것입니다. 그냥 그러려니 하고 있다가 마을 버스가 한 대 오고 사람들이 거의 다 그 버스에 탑승한 뒤에 비어 있는 의자에 앉았습니다. 문득 아까 왜 사람들이 그렇게 많이 앉아 있었는지 궁금해진 것입니다. 그 의자는 바로 온열의자였습니다. 따뜻한 의자였던 것입니다. 저는 깜짝 놀라서 다시 의자 윗면을 만져 보았습니다. 정말 따뜻하더군요.

그렇게 좀 의자에 앉아 있다 보니 처음에는 화가 났습니다. 피 같은 세금을 갖고 이런 의자를 만들어 낭비한다는 생각이 들었던 것입니다. 하지만 또 한편 생각해 보니 추운 날 기분 좋은 기억을 만들 수 있게 해 준다는 생각이 들어 기분이 좋아졌습니다. 그러면서 갑자기 이런 뜻밖의 기분 좋은 경험을 브랜드와 연결시키면 참 효과적이겠다는 생각을 했습니다. 그래서 버스 쉘터를 둘러보니 광고판은 붙어 있지 않았습니다. 아깝다는 생각이 들었습니다.

그러다가 이 따뜻한 기분을 기부와 연결하면 좋겠다는 생각을 했습니다. '엉덩이가 따뜻하니 마음도 함께 따뜻해집시다'라는 메시지로 광고를 하면 좋겠다는 생각이었습니다. 그런데 막상 사람들이 제 광고를 보고 기부할 마음이 들었어도 그 자리에서 바로 기부로 이어질 수 없으면 아무 소용이 없다는 생각을 하니까 답답해지기 시작했습니다.

그렇게 일주일 지나고 저는 수업을 마치고 다시 그곳에 갔습니다. 여전히 많은 사람들이 온열 의자에 앉아 있었습니다. 저도 앉아서 어떻게 이 자리에서 기부를 받을 수 있을까를 생각하다가 사람들이 버스를 타면서 교통카드를 리더기에 찍는 것을 보았습니다. 그때 바로 '저거다' 싶었습니다. 만약 버스 쉘터에 교통카드 리더기가 들어간 광고물을 설치할 수 있다면 따뜻한 온열의자와 함께 기부 광고를 할 수 있겠다는 생각이 든 것입니다. 그 길로 저는 제 생각을 정리해서 저희 직원에게 설명드렸습니다.

그 다음 날 전체 팀 회의를 하면서 제가 생각한 아이디어를 이야기했고 팀원들의 지원 속에 교통카드 리더기를 설치할 수 있는 방안을 알아보기로 했습니다. 마침

세이브더칠드런 온열의자 버스 쉘터 광고.
-교통카드 리더기가 장착된 광고판.

많은 사람들의 도움을 받아 한국 스마트카드사와 연결이 되었고 흔쾌히 사용 승낙을 받아서 버스 쉘터 광고를 제작하게 되었습니다. 사진은 그 결과물입니다

이 광고는 매체비 때문에 모금 수익률(ROI) 관점에서는 성공하지 못했습니다. 하지만 일반인들에게 기부가 어려운 것이 아니고 생활 속에서도 쉽게 할 수 있음을 알려 주었습니다. 또한 광고 제작과 매체 측면에서도 메시지와 모금을 동시에 할 수 있는 포맷으로 처음 시도된 매체창의성 캠페인이었습니다. 이 광고는 중앙 일간지와 공중파 9시 뉴스 등에 노출되었으며 후원자들은 물론 내부 직원들에게도 우리가 하는 일이 사람들의 상상력을 불러일으킨다는 것을 증명한, 내부 직원 사기 진작에도 도움을 준 성공적인 캠페인이었습니다.

외국에는 매체창의성을 활용한 캠페인이 많이 있습

니다. 그리고 그런 캠페인의 상당수가 메이저 광고마케팅 대행사에서 진행하고 있습니다. 국내의 경우 NGO와 광고마케팅 대행사가 양해각서(MOU)를 체결하여 재능기부 차원에서 진행되고 있는 경우가 많은데, 거기서 그치지 않고 광고마케팅 업계의 신격인 천재들과 좀 더 적극적으로 같이 해 볼 수 있는 기회가 많아지기를 희망해 봅니다.

# 맺음말

1996년부터 시작해 벌써 23년의 시간이 흘렀습니다. 제가 모시고 같이 일했던 광고마케팅의 신들도 이제 마지막 50대를 지나고 있습니다. 물론 그들의 천재성은 유효합니다. 아직도 그 날카로움으로 현장에 있는 사람들이 계시니까요. 광고라는 소비자 공감찾기 프로세스의 포맷은 바뀌었지만, 광고마케팅의 기본이 되는 컨셉을 추출하는 방법은 변하지 않습니다. 컨셉은 생각의 힘에서 나온 결과이니까요. 그리고 생각의 힘은 갖고 있는 경험치에 비례합니다. 경험치와 직관이 만나서 뿜어내는 그 마성의 힘은 절대적입니다. 지금을 사는 사람들도 백 년 전이나 천 년 전에 살던 사람들과 크게 다르지 않으니까요.

사람들은 지금도 하얀 종이에 쓰인 검은색 글자를 보고 울고 웃습니다. 물론 화면을 보고 그러기도 하지만 화면 속에 담긴 영상도 사실은 글로 먼저 이루진 작업입니다. 우리는 아직도 천 년 전에 만들어진 음악과 연극을 즐기고 있습니다. 사람의 본성은 변하지 않습니다. 다만 그 본성이 발현되는 도구가 변한 것뿐이지요. 그래서 천재들의 통찰력은 지금도 진행 중인 것입니다.

이 책은 신이라고 불리우던 천재들과 같이 일한 운 좋은 제 경험을 담은 독백입니다. 천재들과 일하다 보니 느낄 수 밖에 없었던 경외감과 든든함은 물론, 저 자신을 그들과 비교하면서 느낀 그 참담함과 부러움을 극복하기 위해 만든, 광고마케팅 천재들을 극복하는 저만의 방법을 기록한 천재 해설서입니다. 여러분의 사회 생활에 도움이 되기를 바랍니다.

건투를 빕니다.

2020년 1월

이우철

## 에필로그

### –천재와 함께 일하면 어떤 일이 벌어질까?

"저희는 지난 4월 23일 대우중공업의 이모 영업기획 과장으로부터 대우중공업이 판매하고 있는 '코마츠 지게차'의 판매 촉진을 위해 어떤 광고전략이 필요한지 제안해 달라는 요청을 받았습니다.

이에 저희는 지게차를 사용하고 있는 전국의 ………."

책상 위엔 지우개 똥이 여기저기 널려져 있고 재떨이엔 담배꽁초가 수북이 쌓여 있다. 광고 2년차였던 나를 책상 앞에 앉혀 놓고 벌써 30여 분동안 무언가 열심히 연필로 쓰고 있는 그분의 글은 이렇게 시작하고 있었다.

더 이상 참지 못하고 내가 물었다. "지금 뭘 쓰고 계시는 겁니까?"

그분은 내 얼굴을 빤히 쳐다보다가 짧게 대답했다.

"기획서 쓰는 거예요."

그리고 다시 연필과 지우개 삼매경에 빠져들었다.

나는 아무 말도 못하고 또다시 가만히 앉아 있었지만 머릿속은 전쟁터처럼 난리가 났다. '이게 무슨 기획서란 말인가? 기획서는 시장상황, 소비자상황, 경쟁상황 이런 식으로 목차를 내고, 시장상황부터 도표와 숫자들을 나열하며 뭔가 있어 보이게 써야 하는 거 아닌가? 이 양반이 지금 장난을 하시는 건가?'

내 안의 분노가 전해졌을까, 그분은 잠시 연필을 내려놓고 한마디 했다.

"왜, 이상해요?"

"네, 저는 이런 기획서를 본 적이 없습니다."

"오, 그래요? 잘됐네, 그럼 이 기획서는 세상에 하나밖에 없는 기획서가 될 수 있겠네요. 다행이네요. 고마워요, 이용찬씨~"

도대체 무슨 말을 하는 건지, 내가 왜 고마운 건지, 그 어떤 말도 나는 이해할 수 가 없었다. 하긴 이분을 따라다니며 조수 역할을 했던 지난 4개월 동안 내가 이해할 수 있었던 게 단 한 가지라도 있었던가?

이분은 명색이 광고회사의 부사장인데도 대우중공업 프로젝트를 시작하면서 시장조사를 직접 하고 다녔다. 땀을 뻘뻘 흘리며 지게차가 있는 작업현장이나 건설현장을 3개월 동안 찾아다녔다. 현장에서 바닥에 털썩 주저앉아 지게차 운전자들과 마치 동료인 것처럼 얘기를 나누었다. 나중에는 직접 지게차를 운전하기도 했다. 어느 날은 중고 지게차 파는 곳에 가서 하루 종일 이것저것을 물어보며 열심히 메모를 했다. 나는 이 양반이 지게차 광고를 만들려는 게 아니라 지게차를 사서 사업을 하려는 게 아닌가 의심이 들기도 했다.

그렇게 3개월을 지게차가 있는 전국을 돌아다니다가 문득 '이제부터 광고를 만듭시다' 하더니 단 2시간 만에 서른여섯 개의 신문광고 카피를 완성했다.

내 눈앞에서 벌어졌지만 도저히 그냥 받아들일 수가 없었다. 무슨 마술쇼를 보는 듯한 기분이었다. 그러나 그것은 실제 일어난 현실이었다. 제일 처음 만든 광고의 헤드라인은 이랬다.

"3년된 대우 코마츠지게차 한 대면
3년된 삼성 클라크지게차 3대를 사실 수 있습니다"

'아니, 이게 뭐야? 무슨 광고가 이래?'

당시 삼성중공업은 클라크 지게차를 수입하여 팔다가 아예 합작회사를 만들어 본격적으로 지게차시장에 뛰어들려는 계획을 준비하고 있었다.

일등의 시장점유율을 가지고 있었던 대우중공업은 당연히 비상경영에 들어갔고 그 일환으로 우리에게 광고를 의뢰했던 것이다. 대우 코마츠 지게차가 좋은가? 삼성 클라크 지게차가 좋은가? 대부분 이런 싸움이 벌어지면 누구든지 제일 먼저 두 제품의 성능을 비교분석하고, 왜 우리 제품이 더 우수한지 정리한 다음, 그 특장점을 멋있고 설득력 있게 설명하는 광고를 만드는 게 당연한 초식이다. 그런데 이분은 난데없이 중고차 얘기를 하고 있지 않은가? 두 번째 광고의 카피를 받아 들고는 더 입이 벌어졌다.

지게차 운전자 100분에게 물었습니다.

"만약 귀하가 지게차를 산다면 어떤 것을 사시겠습니까?"

99분이 대답했습니다.

"당연히 대우 코마츠지요"

신문광고 헤드라인은 짧고 강력하게, 한 단어 또는 한

문장으로! 선배들로부터 수도 없이 들었던 얘기다. 그런데 이 광고의 헤드라인은 왜 이렇게 길고, 문답식에 서술형일까? 미간을 찌푸리고 고개를 갸우뚱거리고 있는 나에게 그분이 또 한마디 했다.

"왜 이상해요?"

"네, 헤드라인이 너무 길고 이상합니다."

"이상하다니 다행이군."

또 그 소리였다. 나머지 서른네 개의 광고 카피 모두 그렇게 이상했다. 그런데 더 이상한 것은 그분의 광고를 보고 있으면 대우 코마츠 대신 삼성 클라크 지게차를 사는 사람이 단 한 명도 없을 거란 확신이 든다는 점이었다. 심지어 초등학생이 이 광고를 보더라도 자연스럽게 대우 지게차를 좋아하게 될 정도였다.

도대체 어떻게 이런 광고를 만들 수 있다는 말인가?

내용이며 형식 등 모든 것이 지금껏 본 적이 없는 전혀 새로운 스타일의 광고였다.

거기에다 그 이상한 기획서까지. 프로젝트가 거의 끝나 갈 무렵, 나는 그분에게 질문하지 않을 수 없었다.

"어떻게 그런 새로운 아이디어를 만드시나요?"

그분은 이 질문을 기다렸다는 듯이 짧게 대답했다.

"나는 새로운 아이디어를 만든 게 아니에요. 단지 그 회사와 그 브랜드만이 할 수 있는 이야기를 찾았을 뿐이에요."

나는 이 대답이 겸손이 아니라 진심이었다는 것을 한참 후에야 알게 되었다. 그 이후로 그분과 여러 가지 프로젝트를 함께 하면서 한 번도 비슷한 형식과 언어로 광고를 만드는 것을 본 적이 없었다. 그분의 말대로 언제나 그 회사와 그 브랜드만이 할 수 있는 이야기를 찾고자 애썼고 그 결과물은 항상 새로움 그 자체였던 것이다. 그분은 나에게 항상 이 얘기를 하고 있는 것 같았다. **"세상에 새롭고 다름은 따로 없다. 내가 '나다움'을 만들면 남들이 '새롭다' '다르다'라고 말할 뿐이다."** 직접 이렇게 말하지 않았지만

나는 느낌으로 알 수 있었다.

대우 지게차 광고는 어떻게 되었을까?

대우중공업은 그분의 아이디어를 대단히 만족하며 받아들였으나 지게차 광고는 집행되지 못했다. 삼성과 클라크의 합작회사 설립 계획이 계속 연기되었기 때문이었다. 그러나 그분의 기획서와 광고물은 다른 곳에서 빛을 발했다. 대우중공업의 지게차 영업전략과 마케팅 전략을 통째로 바꾸는 계기가 되었던 것이다. 그동안 관심도 없었던 지게차 운전자들에 대한 관리는 물론 중고차시장의 딜러들까지 고객으로 대하는 발상의 전환이 이루어졌던 것이다. 나는 그분과 처음 일한 4개월의 놀라움과 이상함과 불편함을 평생 잊지 못한다. 새로운 아이디어가 나올 때마다 느끼는 경이로움은 당연한 것이었지만 그와 동시에 같은 자리에서 같은 얘기를 들었는데 나는 왜 저런 아이디어가 안 나오지? 하는 열등감, 패배의식, 비참함, 분노 등이 서린 불편함이 항상 있었기 때문이다.

나는 왜 안되지?

이 질문의 답을 구하기 위해 십수 년을 쫓아다니며 이분이 어떻게 생각하고 어떻게 아이디어를 내며 어떤 마음으로 광고를 만드는지 알려고 부단히 애썼다. 하루는 나의 이런 노력이 가상했는지 내게 귓속말을 해 주었다.

"이용찬씨, 세상에 별놈 없어요.

굳이 있다면 지금 NASA에 있던가, 정신병원에 있던가 하겠지요. 그러니 무슨 일을 하든 누구를 만나든 절대 주눅 들 필요 없어요. 남 눈치 보지 말고 생각나는 대로 느끼는 대로 그냥 밀고 나가세요. 그러다 보면 어느 날 주변 사람들이 이용찬씨를 별놈이라고 부르게 될 겁니다."

처음엔 이 얘기가 무슨 뜻인지 도무지 알 수가 없었다. 그냥 무능한 후배에게 용기를 주는 이야기 정도로 치부했다.

그러나 나중에 보니 이 귓속말은 진짜 별놈이 되는 비

법을 전수한 것이었다. 천재는 선천적 천재와 후천적 천재로 나누어진다. 이 가설은 우리 인간은 모두 천재의 DNA를 가지고 있고 이 DNA를 잘 개발하면 누구나 후천적 천재가 될 수 있다는 것을 깨닫게 해 준다. 나는 이 책의 저자인 이우철 박사와 20여 년을 함께 일하며 후천적 천재가 되는 비법에 대해 누구보다 많은 얘기를 나눴다. 그래서인지 놀랍게도 이분의 박사논문도 창의성에 대한 것이었다. 나는 내가 전수받았던 천재가 되는 비법을 이우철 박사에게 전달했다. 이 책에는 그 비법은 물론, 그동안 이우철 박사가 개인적으로 알아낸 다른 비법들도 함께 소개되어 있다. 어떻게 이런 책을 쓸 수 있었을까? 그 천재성과 수고로움에 존경의 박수를 보낸다.

2020년 1월

이용찬

이용찬 이용찬마케팅서당 대표

# 어떻게 저런 생각을 하지?

## 똑똑하게 일하는 업무 천재들의 아이디어 방정식

**초판 1쇄 인쇄** 2020년 2월 20일
**초판 1쇄 발행** 2020년 2월 25일

**지은이** 이우철
**발행인** 김진환

**발행처** (주)학지사
**발행처** 이너북스 **주소** 서울특별시 마포구 양화로 15길 20 마인드월드빌딩
**대표전화** 02-330-5114 **팩스** 02-324-2345
**출판신고** 2006년 11월 13일 제313-2006-000265호
**홈페이지** http://www.hakjisa.co.kr

ISBN 978-89-92654-55-5 03190
정가 12,000원

 이 도서의 국립중앙도서관 출판시도서목록(CIP)은 서지정보유통지원시스템 홈페이지(http://seoji.nl.go.kr)와 국가자료공동목록시스템(http://www.nl.go.kr/kolisnet)에서 이용하실 수 있습니다.(CIP 제어번호: CIP2020001995)

※잘못된 책은 구입하신 곳에서 바꾸어 드립니다.
※ 이너북스 는 (주)학지사의 단행본 브랜드입니다.